행동재무학자 알 선생이 들려주는 _____

선박투자 이야기

알 선생 (Alfred Kim, 김우석)

- 전라고
- 한국해양대학교 해사대학
  해사수송과 학부 졸업
- SOAS, University of London,
  Diploma 졸업
- City, University of London,
  선박금융 석사 졸업
- 서울디지털대학교 세무회계학과 수료
- SUMS, University of Sheffield,
  MBA 졸업
- 한국해양대학교 대학원 해운경영학과 졸업
  (경영학 박사)

- 대한민국 해군
  - FF-951 울산함 사격통제관
  - 해군행정학교 본부 대장

- MV Global Discovery 이등 항해사
- ㈜삼탄 해운팀 사원
- 한국선박금융㈜ 영업2팀 Project Manager
- SH마린㈜ 재무기획 팀장
- SMBC 영업3팀 선박금융 담당
- 한국자산관리공사 해양투자금융처 팀장

- 한국 금융연수원 강사 (2010~현재)
- 해운금융 전문가 과정

3 알 선생의 투자 이야기

1. 회피적 동기와 지향적 동기   212
2. M&A 관련   214
3. 모수의 비밀 그리고 선취 용선료   217
4. 책 속의 투자 이야기   218
5. 주식 투자와 알 선생   221
6. Frauds, Thieves and Other Scum   228
7. 해양대생 그리고 투자   230
8. 선원은 선주가 되어야 한다   232
9. 선주 사업과 유관 기관   235
10. 선박금융과 금융 기관   237
11. The Next Financial Crisis   240
12. Force Majeure(Act of God)   242

1

선박투자
분석

자, 드디어 실전이다! 『선박투자 이야기』는 앞서 출판된 『(행동재무학자 알 선생이 들려주는) 선박금융 이야기』의 실무편이다. 이번 책을 읽는다면 누구나 선박투자 PM^Project Manager이 될 수 있다. 천천히 정독하면서 엑셀로 분석 Sheet를 만들어 보기 바란다. 비록 지금은 초보일지라도 끝까지 정독한다면 투자 분석 능력을 갖추게 될 것이다.

물론 본 책에서 제시하는 알 선생의 방식이 결코 단 하나의 정답은 아니다. 선박금융을 처음 공부한다면 여러 시도를 통해 지식을 습득해 나가는 것도 나쁘지 않다. 인생에 정답은 없고 선택만 있을 뿐이니까. 본인의 판단으로 모든 것을 결정하기 바란다. 선택도 결과에 대한 책임도 본인의 몫이다.

돌이켜보면 알 선생도 선박금융 입문자 시절 추정 항목을 최대한 많이 나열한 후 자세하게 분석하고자 했다. 하지만 매우 어리석은 방법이었다. 추정은 추정일 뿐이다. 추정하는 항목이 많아질수록 오차 범위도 커진다. 프로젝트를 제대로 분석하려면 추정 항목 중 중요 항목에 한해 최대한 간결하게 설정하는 게 바람직하다. 하지만 이 또한 정답은 아니다.

참고로 앞으로 나올 분석 시나리오의 모든 등장인물 및 이야기는 독자의 이해를 높이고자 만든 허구임을 밝혀 둔다.

1. Handysize Bulk Carrier(5년산, 60%) 투자

K 선장님은 2001년 8월 건조 후 5년 된 핸디사이즈 벌크선 한 척을 5명의 해양대 후배들과 공동으로 매입했다. 한 사람당 투자금액은 USD 0.7M(약 9억 원, KRW 1,283)이었다. 당시 일본산 핸디사이즈 벌크선의 시장 매매 가격이 USD 10.5M이었는데, 선가의 40%는 공동 투자금으로 조달하고 나머지 60%는 선박금융 전문가인 알 선생에게 금융 조달을 부탁해 왔다.

핸디사이즈 벌크선은 선가의 변동성이 상대적으로 적으며 범용성이 높은 선박이다. 그래서 알 선생은 쉽게 선박 시장가의 60%를 조달할 수 있으리라 판단했다. 하지만 큰 착각이었다.

시중은행의 선박금융 담당자들을 만나 자금 조달을 요청해 보니 모두 불가능하다고 답했다. 신생 업체는 선박금융 지원이 불가능하다는 게 이유였다. 이에 은행은 포기하고 캐피탈 회사에 문의했다. 몇 군데에서 자금 조달은 가능하다는 답변을 들었다. 하지만 원화 금융만 가능했고, 그마저도 수수료와 금리 수준이 높았다. 노르웨이의 KS펀드 운용사인 N사에도 문의했다. 자금 조달은 가능했으나 역시 금리가 높았다.

마지막으로 알 선생은 당시 선박 브로킹 회사를 정리하시고 유럽 여행을 하고 계시던 KSR 형님께 문의를 드렸다. 형님께서는 마침 보유하고 있던 달러의 투자처를 고민하고 있었다며, 대출 조건으로 3M LIBOR에 300bps만 얹어 달라고 말씀하셨다. K 선장님은 정말 운이 좋으셨다.

Handysize bulk carrier – 5 Year					
Ship Price	Fair Market Value	10,500,000	TC rate	7,270	
Equity	40%	4,200,000	OPEX	5,000	
Total Loan	60%	6,300,000			
Senior Loan	60%	6,300,000	LDT	9,000	220
Interest Rate	360	8.47%			1,980,000
Libor 가정(5 Year IRS)		5.47%			
Margin		3.00%	10 Year Old	6,000,000	5,300,000
Junior Loan	0%	–			700,000
Interest Rate	360	0.00%			
Libor					
Margin					

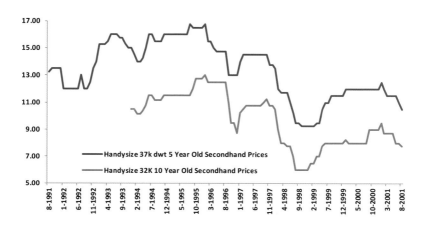

알 선생은 이후 매입 대상 선박의 과거 10년간 중고 선가를 살폈다. 해당 선형의 최저 매매 가격은 USD 9.25M이었다. 금융 기간이 종료되는 시점인 10살짜리 핸디사이즈 벌크선의 과거 10년 치 가격도 살폈다. 최저 매매 가격은 USD 6M이었다.

OPEX 추정을 위해 Drewry사의 Operating Cost 책자를 살펴보았다. 핸디사이즈의 Operating Costs는 Daily 4,000~5,000 수준이었다. 알 선생은 Daily OPEX 가정치를 보수적으로 잡아 일일 5,000불로 가정했다. LIBOR 추정치의 경우 5년물 IRS 금리인 5.47%를 기준으로 잡았다.

마지막으로 Time Charter Rate는 과거 10년간의 1 Year TC Rate 평균 가격인 Daily USD 7,270으로 추정 기준을 잡았다.

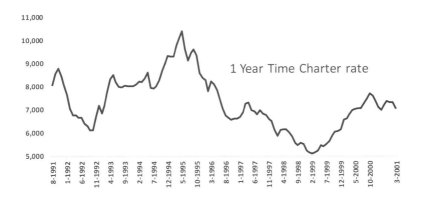

CAPEX 추정

5년산 핸디사이즈 벌크선은 금융 만기가 도래하는 5년 뒤에는 선령 10

살의 선박이 된다. 10년산 핸디사이즈 벌크선의 과거 10년 치 최저 매매 가격인 USD 6M을 프로젝트의 잔존가치로 추정했던 만큼 원금 상환액 도 그에 맞춰 책정해야 했다.

TC Rate에서 CAPEX와 OPEX 추정치를 차감한 잔액이 플러스가 되 도록 분기별 원금 상환액을 USD 50,000으로 책정했다. 그 결과 5년 뒤 금융 잔액은 USD 5.3M으로 나타났는데, 이 금액은 과거 10년간 최저 중 고 매매 선가인 USD 6M보다 낮았던 만큼 프로젝트의 안정성이 확보되 었다.

			Senior Loan		
No	Date	Outstanding	Principal	Interest	Daily CAPEX
–	2001–08–05	6,300,000	–		
1	2001–11–05	6,250,000	50,000	136,367	2,026
2	2002–02–05	6,200,000	50,000	135,285	2,014
3	2002–05–05	6,150,000	50,000	129,826	2,021
4	2002–08–05	6,100,000	50,000	133,120	1,990
5	2002–11–05	6,050,000	50,000	132,038	1,979
6	2003–02–05	6,000,000	50,000	130,956	1,967
7	2003–05–05	5,950,000	50,000	125,638	1,973
8	2003–08–05	5,900,000	50,000	128,791	1,943
9	2003–11–05	5,850,000	50,000	127,709	1,932
10	2004–02–05	5,800,000	50,000	126,627	1,920
11	2004–05–05	5,750,000	50,000	122,815	1,920
12	2004–08–05	5,700,000	50,000	124,462	1,896
13	2004–11–05	5,650,000	50,000	123,380	1,885
14	2005–02–05	5,600,000	50,000	122,297	1,873
15	2005–05–05	5,550,000	50,000	117,262	1,879
16	2005–08–05	5,500,000	50,000	120,133	1,849

17	2005-11-05	5,450,000	50,000	119,051	1,838
18	2006-02-05	5,400,000	50,000	117,968	1,826
19	2006-05-05	5,350,000	50,000	113,075	1,832
20	2006-08-05	5,300,000	50,000	115,804	1,802

Profit / Loss ┃ Forecast

　추정 수치를 바탕으로 계산된 대선 관련 순수익은 안정적 수치를 보여 주었다. 해당 프로젝트의 분기별 순수익 금액은 약 USD 22,000에서 USD 43,000불까지 증가했다.

No	Date	CAPEX	OPEX	C+O	TC rate	Daily NP	Days	Net Profit
-	2001-08-05							
1	2001-11-05	2,026	5,000	7,026	7,270	244	92	22,473
2	2002-02-05	2,014	5,000	7,014	7,270	256	92	23,555
3	2002-05-05	2,021	5,000	7,021	7,270	249	89	22,204
4	2002-08-05	1,990	5,000	6,990	7,270	280	92	25,720
5	2002-11-05	1,979	5,000	6,979	7,270	291	92	26,802
6	2003-02-05	1,967	5,000	6,967	7,270	303	92	27,884
7	2003-05-05	1,973	5,000	6,973	7,270	297	89	26,392
8	2003-08-05	1,943	5,000	6,943	7,270	327	92	30,049
9	2003-11-05	1,932	5,000	6,932	7,270	338	92	31,131
10	2004-02-05	1,920	5,000	6,920	7,270	350	92	32,214
11	2004-05-05	1,920	5,000	6,920	7,270	350	90	31,485
12	2004-08-05	1,896	5,000	6,896	7,270	374	92	34,378
13	2004-11-05	1,885	5,000	6,885	7,270	385	92	35,460
14	2005-02-05	1,873	5,000	6,873	7,270	397	92	36,543
15	2005-05-05	1,879	5,000	6,879	7,270	391	89	34,768

16	2005-08-05	1,849	5,000	6,849	7,270	421	92	38,707
17	2005-11-05	1,838	5,000	6,838	7,270	432	92	39,789
18	2006-02-05	1,826	5,000	6,826	7,270	444	92	40,872
19	2006-05-05	1,832	5,000	6,832	7,270	438	89	38,956
20	2006-08-05	1,802	5,000	6,802	7,270	468	92	43,036

추정 수익률

TC 순수익 합계 추정	S&P 수익	수익 합계 추정	초기 투자금	총 수익률 추정
642,417	700,000	1,342,417	4,200,000	-68%

K 선장님의 선박투자 건에 관한 결과를 예측해 보았다. 선주가 되었다는 만족감과 국적 선대 확충 그리고 선박 관련 고용 효과 외에는 별다른 장점이 없어 보였다. USD 4.2M을 투자했으나 약 USD 1.3M의 수익을 창출하는 데 그쳤고, 총 손실률은 68%로 예상되었다. 좋지 않은 투자 건으로 보였다. K 선장님과 알 선생은 해운 시황이 좋아져 프로젝트 추정치가 달라지기만을 기대했다.

Historical Data | Year 2001~2006

Handysize bulk carrier - 5 Year				
Ship Price	Fair Market Value	10,500,000	Year 1 TC rate	6,760
Equity	40%	4,200,000	Year 2 TC rate	6,750
Total Loan	60%	6,300,000	Year 3 TC rate	8,240
Senior Loan	60%	6,300,000	Year 4 TC rate	16,063

Interest Rate	360	Table	Year 5 TC rate	13,000	
Libor	Table				
Margin	3.00%		10 Year Old	22,000,000	2006–08–05
Junior Loan	0%	–		5,300,000	16,700,000
Interest Rate	360	0.00%	OPEX	5,000	
Libor			LDT	9,000	220
Margin					1,980,000

1 Year Time Charter rate

Handysize 32K 10 Year Old Secondhand Prices

계속해서 알 선생은 K 선장님의 선박투자에 대한 결과를 추적했다. 매년 체결한 1 Year Time Charter Rate는 상기와 같이 추정치보다 매우 높게 체결되었다. 그리고 금융 만기인 2006년 8월, K 선장님은 해당 선박을 USD 22M에 그리스 선주에게 매각했다. 선박투자는 대성공이었다.

CAPEX

3개월물 LIBOR 금리가 3.6%에서 1.1%까지 떨어졌던 탓에 CAPEX도 Daily USD 1,700에서 1,200까지 하락했다.

No	Date	3M Libor	Interest rate
1	2001-08-05	0.03656	6.66%
2	2001-11-05	0.02200	5.20%
3	2002-02-05	0.01920	4.92%
4	2002-05-05	0.01920	4.92%
5	2002-08-05	0.01800	4.80%
6	2002-11-05	0.01659	4.66%
7	2003-02-05	0.01350	4.35%
8	2003-05-05	0.01290	4.29%
9	2003-08-05	0.01141	4.14%
10	2003-11-05	0.01170	4.17%
11	2004-02-05	0.01130	4.13%
12	2004-05-05	0.01180	4.18%
13	2004-08-05	0.01700	4.70%
14	2004-11-05	0.02200	5.20%
15	2005-02-05	0.02770	5.77%
16	2005-05-05	0.03219	6.22%
17	2005-08-05	0.03733	6.73%
18	2005-11-05	0.04291	7.29%

| 19 | 2006-02-05 | 0.04710 | 7.71% |
| 20 | 2006-05-05 | 0.05150 | 8.15% |

변동금리는 다행히 2004년부터 급격히 상승했다. 3M LIBOR 금리는 5%대까지 높아졌고, 그에 따라 CAPEX 또한 Daily USD 1,755까지 상승했다.

	Senior Loan				
No	Date	Outstanding	Principal	Interest	Daily CAPEX
–	2001-08-05	6,300,000	–		
1	2001-11-05	6,250,000	50,000	107,166	1,708
2	2002-02-05	6,200,000	50,000	83,056	1,446
3	2002-05-05	6,150,000	50,000	75,413	1,409
4	2002-08-05	6,100,000	50,000	77,326	1,384
5	2002-11-05	6,050,000	50,000	74,827	1,357
6	2003-02-05	6,000,000	50,000	72,029	1,326
7	2003-05-05	5,950,000	50,000	64,525	1,287
8	2003-08-05	5,900,000	50,000	65,232	1,253
9	2003-11-05	5,850,000	50,000	62,441	1,222
10	2004-02-05	5,800,000	50,000	62,342	1,221
11	2004-05-05	5,750,000	50,000	59,885	1,221
12	2004-08-05	5,700,000	50,000	61,423	1,211
13	2004-11-05	5,650,000	50,000	68,463	1,288
14	2005-02-05	5,600,000	50,000	75,082	1,360
15	2005-05-05	5,550,000	50,000	79,882	1,459
16	2005-08-05	5,500,000	50,000	88,212	1,502
17	2005-11-05	5,450,000	50,000	94,638	1,572
18	2006-02-05	5,400,000	50,000	101,542	1,647
19	2006-05-05	5,350,000	50,000	102,929	1,718
20	2006-08-05	5,300,000	50,000	111,429	1,755

Profit / Loss

TC Rate의 급격한 상승 덕분에 순수익이 폭증했다. 선박투자는 대성공이었다. K 선장님과 해양대 후배분들의 투자 타이밍은 완벽 그 자체였다. *You cannot reach the top of the mountain just by looking at it! You have to take steps!!*

No	Date	CAPEX	OPEX	C+O	TC rate	Daily Net Profit	Days	Net Profit
–	2001-08-05							
1	2001-11-05	1,708	5,000	6,708	6,760	52	92	4,754
2	2002-02-05	1,446	5,000	6,446	6,760	314	92	28,864
3	2002-05-05	1,409	5,000	6,409	6,760	351	89	31,227
4	2002-08-05	1,384	5,000	6,384	6,760	376	92	34,594
5	2002-11-05	1,357	5,000	6,357	6,750	393	92	36,173
6	2003-02-05	1,326	5,000	6,326	6,750	424	92	38,971
7	2003-05-05	1,287	5,000	6,287	6,750	463	89	41,225
8	2003-08-05	1,253	5,000	6,253	6,750	497	92	45,768
9	2003-11-05	1,222	5,000	6,222	8,240	2,018	92	185,639
10	2004-02-05	1,221	5,000	6,221	8,240	2,019	92	185,739
11	2004-05-05	1,221	5,000	6,221	8,240	2,019	90	181,715
12	2004-08-05	1,211	5,000	6,211	8,240	2,029	92	186,657
13	2004-11-05	1,288	5,000	6,288	16,063	9,775	92	899,333
14	2005-02-05	1,360	5,000	6,360	16,063	9,703	92	892,714
15	2005-05-05	1,459	5,000	6,459	16,063	9,604	89	854,725
16	2005-08-05	1,502	5,000	6,502	16,063	9,561	92	879,584
17	2005-11-05	1,572	5,000	6,572	13,000	6,428	92	591,362
18	2006-02-05	1,647	5,000	6,647	13,000	6,353	92	584,458
19	2006-05-05	1,718	5,000	6,718	13,000	6,282	89	559,072
20	2006-08-05	1,755	5,000	6,755	13,000	6,245	92	574,571

총 수익률

TC 순수익 합계	S&P 수익	수익 합계	초기 투자금	총 수익률
6,837,145	16,700,000	23,537,145	4,200,000	460%

클락슨의 실제 데이터를 기반으로 수익률을 분석한 결과, 대선^{Time} ^{Charter Out}으로 인한 순수익은 5년 동안 약 USD 6.8M이었고, S&P로 인한 순수익은 약 USD 16.7M이 발생했다. K 선장님이 2001년 8월 USD 4.2M(약 54억 원, KRW 1,283)을 투자하여 5년산 핸디사이즈 벌크선을 구매한 해당 프로젝트는 2006년 8월까지 약 USD 23.5M(약 227억 원, KRW 965)의 순수익을 창출했다. KSR 형님께서도 선순위 선박저당권을 확보한 상태에서 5년 동안 약 USD 1.6M의 이자수익을 얻으셨다. 거래 관계자 모두가 행복한 투자였다.

| Projection | Year 2006~2011 |

2001년도에 선박을 매입하여 운영 수익과 매각 차익을 얻으신 K 선장님께서는 선박투자 및 운영에 대한 노하우와 자신감을 얻으셨고, 이에 2006년 두 번째 선박을 매매하셨다. 두 번째 선박투자는 동문 후배 1명만 참여시켰다. 첫 선박투자에서 수익을 올린 나머지 3명의 후배는 수익을 갖고 모두 고향으로 귀촌했다. 두 번째 투자에서도 K 선장님은 건조 후 5년이 지난 핸디사이즈 벌크선을 투자 대상으로 선택하셨다.

Handysize bulk carrier – 5 Year					
Ship Price	Fair Market Value	27,000,000	TC rate	16,225	9,123
Equity	40%	10,800,000	OPEX	5,000	
Total Loan	60%	16,200,000			
Senior Loan	60%	16,200,000	LDT	9,000	220
Interest Rate	360	8.47%			1,980,000
Libor 가정(5 Year IRS)		5.47%			
Margin		3.00%			
Junior Loan	0%	–			
Interest Rate	360	10.47%			
Libor		5.47%			
Margin		5.00%	10 Year Old	6,000,000	

선가는 2001년에 비해 많이 오른 상태였다. K 선장님은 동문 후배와 함께 선가의 40%를 투자하셨고, 나머지 60%는 주거래 은행이었던 S 은행 무역센터 지점장에게 부탁했다. P 지점장님은 영업의 달인이셨고, 해당 건을 매우 안전한 대출 건이라고 판단하셔서 곧바로 은행 내부 승인을 얻는 업무에 돌입하셨다. P 지점장님께서 제시하신 금리는 3개월 LIBOR에 가산금리 3%를 얹은 금리였다. 5년물 IRS금리가 5.47%여서 알 선생은 CAPEX 추정을 해 보았다. Daily CAPEX는 9,355불에서 7,000불대까지 내려가는 수치를 보였다.

Senior Loan					
No	Date	Outstanding	Principal	Interest	Daily CAPEX
–	2006–08–05	16,200,000	–		
1	2006–11–05	15,690,000	510,000	350,658	9,355
2	2007–02–05	15,180,000	510,000	339,619	9,235
3	2007–05–05	14,670,000	510,000	317,865	9,302
4	2007–08–05	14,160,000	510,000	317,540	8,995

5	2007-11-05	13,650,000	510,000	306,501	8,875
6	2008-02-05	13,140,000	510,000	295,462	8,755
7	2008-05-05	12,630,000	510,000	278,240	8,758
8	2008-08-05	12,120,000	510,000	273,383	8,515
9	2008-11-05	11,610,000	510,000	262,344	8,395
10	2009-02-05	11,100,000	510,000	251,305	8,275
11	2009-05-05	10,590,000	510,000	232,431	8,342
12	2009-08-05	10,080,000	510,000	229,226	8,035
13	2009-11-05	9,570,000	510,000	218,187	7,915
14	2010-02-05	9,060,000	510,000	207,148	7,795
15	2010-05-05	8,550,000	510,000	189,714	7,862
16	2010-08-05	8,040,000	510,000	185,070	7,555
17	2010-11-05	7,530,000	510,000	174,030	7,435
18	2011-02-05	7,020,000	510,000	162,991	7,315
19	2011-05-05	6,510,000	510,000	146,997	7,382
20	2011-08-05	6,000,000	510,000	140,913	7,075

선박 관리 회사에 문의한 결과, OPEX는 Daily 약 4,500불 정도로 추정되었고, Drewry 자료에서도 4,500불로 나타났다. 하지만 알 선생은 보수적으로 5,000불로 가정하였다. TC Rate 추정의 경우 첫해에만 실제 1 Year TC Rate인 Daily USD 16,225를 적용했고, 나머지 기간에는 과거 10년간의 1 Year TC Rate의 평균치인 9,123불을 적용했다.

Profit / Loss 추정

No	Date	CAPEX	OPEX	C+O	TC rate	Daily Net Profit	Days	Net Profit
-	2006-08-05							
1	2006-11-05	9,355	5,000	14,355	16,225	1,870	92	172,042

2	2007-02-05	9,235	5,000	14,235	16,225	1,990	92	183,081
3	2007-05-05	9,302	5,000	14,302	16,225	1,923	89	171,160
4	2007-08-05	8,995	5,000	13,995	16,225	2,230	92	205,160
5	2007-11-05	8,875	5,000	13,875	9,123	-4,752	92	-437,185
6	2008-02-05	8,755	5,000	13,755	9,123	-4,632	92	-426,146
7	2008-05-05	8,758	5,000	13,758	9,123	-4,635	90	-417,170
8	2008-08-05	8,515	5,000	13,515	9,123	-4,392	92	-404,067
9	2008-11-05	8,395	5,000	13,395	9,123	-4,272	92	-393,028
10	2009-02-05	8,275	5,000	13,275	9,123	-4,152	92	-381,989
11	2009-05-05	8,342	5,000	13,342	9,123	-4,219	89	-375,484
12	2009-08-05	8,035	5,000	13,035	9,123	-3,912	92	-359,910
13	2009-11-05	7,915	5,000	12,915	9,123	-3,792	92	-348,871
14	2010-02-05	7,795	5,000	12,795	9,123	-3,672	92	-337,832
15	2010-05-05	7,862	5,000	12,862	9,123	-3,739	89	-332,767
16	2010-08-05	7,555	5,000	12,555	9,123	-3,432	92	-315,754
17	2010-11-05	7,435	5,000	12,435	9,123	-3,312	92	-304,714
18	2011-02-05	7,315	5,000	12,315	9,123	-3,192	92	-293,675
19	2011-05-05	7,382	5,000	12,382	9,123	-3,259	89	-290,050
20	2011-08-05	7,075	5,000	12,075	9,123	-2,952	92	-271,597

가정에 따라 프로젝트 분석해 보니 선가가 높고 TC Rate 추정치가 낮았다. 그렇기에 LTV 60%의 선박금융 조달에도 불구하고 첫해를 제외한 나머지 4개년은 마이너스 현금 흐름이 예상되었다.

총 수익률 추정

TC 순수익 합계 추정	S&P 수익	수익 합계 추정	초기 투자금	총 수익률 추정
-4,958,795	0	-4,958,795	10,800,000	-146%

매입 선가가 높아 CAPEX도 높았으며 그 결과 총 손실률은 146%로 예상되었다. 하지만 K 선장님은 추정치보다 모든 상황이 좋게 전개될 것이라고 믿으셨다.

Historical Data | Year 2006~2011

Handysize bulk carrier - 5 Year					
Ship Price	Fair Market Value	27,000,000			
Equity	40%	10,800,000	Year 1 TC rate	16,225	
Total Loan	60%	16,200,000	Year 2 TC rate	29,700	
Senior Loan	60%	16,200,000	Year 3 TC rate	34,950	
Interest Rate	360	Table	Year 4 TC rate	11,188	
Libor	Table		Year 5 TC rate	15,063	
Margin	3.00%				
Junior Loan	0%	–	10 Year Old	18,500,000	2011-08-05
Interest Rate	360	Table	OPEX	5,000	
Libor	Table		LDT	9,000	220
Margin	0.00%			1,980,000	

K 선장님의 믿음대로 해운 시장은 좋은 방향으로 흘러갔다. 다만 K 선장님께서 2008년 상반기에 선박을 처분하셨다면 막대한 매각 차익을 거두셨을 것이나, 아쉽게도 그 기회를 놓치셨다. 하지만 두 번째 선박투자에서도 K 선장님은 막대한 투자 수익을 올리셨다.

리먼 사태 이후 중고 선가는 폭락해 버렸고, 용선 시장도 붕괴했다. 그렇지만 역사상 수치들과 비교해 보면 벌크선 시장은 여전히 높은 수준의 중고 선가 및 용선료 수준을 유지하고 있었다. 낮은 LTV 수치 덕분에 시황 하락 후에도 해당 선박은 대선 수익을 창출했다.

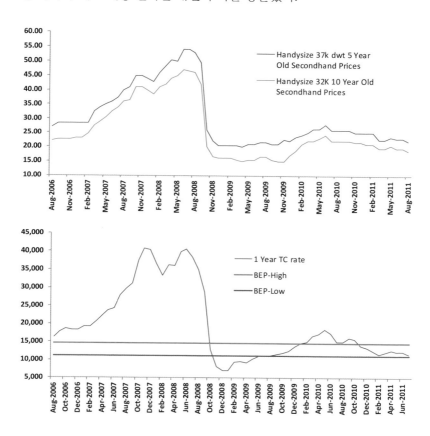

CAPEX

No	Date	Senior Loan			
		Outstanding	Principal	Interest	Daily CAPEX
–	2006–08–05	16,200,000	–		
1	2006–11–05	15,690,000	510,000	351,072	9,359

2	2007-02-05	15,180,000	510,000	335,609	9,191
3	2007-05-05	14,670,000	510,000	313,737	9,255
4	2007-08-05	14,160,000	510,000	313,253	8,948
5	2007-11-05	13,650,000	510,000	302,521	8,832
6	2008-02-05	13,140,000	510,000	274,357	8,526
7	2008-05-05	12,630,000	510,000	200,221	7,891
8	2008-08-05	12,120,000	510,000	186,236	7,568
9	2008-11-05	11,610,000	510,000	179,471	7,494
10	2009-02-05	11,100,000	510,000	173,829	7,433
11	2009-05-05	10,590,000	510,000	116,181	7,036
12	2009-08-05	10,080,000	510,000	108,440	6,722
13	2009-11-05	9,570,000	510,000	89,436	6,516
14	2010-02-05	9,060,000	510,000	80,172	6,415
15	2010-05-05	8,550,000	510,000	72,774	6,548
16	2010-08-05	8,040,000	510,000	73,122	6,338
17	2010-11-05	7,530,000	510,000	70,571	6,311
18	2011-02-05	7,020,000	510,000	63,232	6,231
19	2011-05-05	6,510,000	510,000	57,454	6,376
20	2011-08-05	6,000,000	510,000	54,439	6,135

Interest Rates

No	Date	3M Libor	Interest rate
1	2006-08-05	0.05480	8.48%
2	2006-11-05	0.05370	8.37%
3	2007-02-05	0.05360	8.36%
4	2007-05-05	0.05356	8.36%
5	2007-08-05	0.05360	8.36%
6	2007-11-05	0.04865	7.87%
7	2008-02-05	0.03095	6.10%
8	2008-05-05	0.02770	5.77%

9	2008-08-05		0.02794	5.79%
10	2008-11-05		0.02859	5.86%
11	2009-02-05		0.01234	4.23%
12	2009-05-05		0.01007	4.01%
13	2009-08-05		0.00472	3.47%
14	2009-11-05		0.00278	3.28%
15	2010-02-05		0.00249	3.25%
16	2010-05-05		0.00347	3.35%
17	2010-08-05		0.00435	3.43%
18	2010-11-05		0.00286	3.29%
19	2011-02-05		0.00311	3.31%
20	2011-05-05		0.00272	3.27%

고마운 것은 3M LIBOR가 5%대에서 0.2%대까지 급속히 하락한 덕분에 선박의 CAPEX를 낮추는 데 도움을 주었다.

Profit / Loss

No	Date	CAPEX	OPEX	C+O	TC rate	Daily Net Profit	Days	Net Profit
-	2006-08-05							
1	2006-11-05	9,359	5,000	14,359	16,225	1,866	92	171,628
2	2007-02-05	9,191	5,000	14,191	16,225	2,034	92	187,091
3	2007-05-05	9,255	5,000	14,255	16,225	1,970	89	175,288
4	2007-08-05	8,948	5,000	13,948	16,225	2,277	92	209,447
5	2007-11-05	8,832	5,000	13,832	29,700	15,868	92	1,459,879
6	2008-02-05	8,526	5,000	13,526	29,700	16,174	92	1,488,043
7	2008-05-05	7,891	5,000	12,891	29,700	16,809	90	1,512,779
8	2008-08-05	7,568	5,000	12,568	29,700	17,132	92	1,576,164
9	2008-11-05	7,494	5,000	12,494	34,950	22,456	92	2,065,929
10	2009-02-05	7,433	5,000	12,433	34,950	22,517	92	2,071,571

11	2009-05-05	7,036	5,000	12,036	34,950	22,914	89	2,039,369
12	2009-08-05	6,722	5,000	11,722	34,950	23,228	92	2,136,960
13	2009-11-05	6,516	5,000	11,516	11,188	−328	92	−30,140
14	2010-02-05	6,415	5,000	11,415	11,188	−227	92	−20,876
15	2010-05-05	6,548	5,000	11,548	11,188	−360	89	−32,042
16	2010-08-05	6,338	5,000	11,338	11,188	−150	92	−13,826
17	2010-11-05	6,311	5,000	11,311	15,063	3,752	92	345,225
18	2011-02-05	6,231	5,000	11,231	15,063	3,832	92	352,564
19	2011-05-05	6,376	5,000	11,376	15,063	3,687	89	328,153
20	2011-08-05	6,135	5,000	11,135	15,063	3,928	92	361,357

4년 차에 약간의 대선 손실을 봤으나 나머지 기간에는 낮은 LTV 대출 덕분에 막대한 대선 수익을 창출했다.

총 수익률

TC 순수익 합계	S&P 수익	수익 합계	초기 투자금	총 수익률
16,384,563	12,500,000	28,884,563	10,800,000	167%

5년간 창출된 TC 수익은 약 16.3M(약 176억 원, KRW 1,072)이며, 선박 매매로 인한 수익은 12.5M(약 134억 원, KRW 1,072)이었다. 결과적으로 K 선장님은 2006년 10.8M을 투자해 약 28.8M(약 310억 원, KRW 1,072)의 수익을 올리셨다.

Projection | Year 2011~2016

Handysize bulk carrier – 5 Year					
Ship Price	Fair Market Value	22,000,000	TC rate	10,875	15,774
Equity	40%	8,800,000	OPEX	5,000	
Total Loan	60%	13,200,000			
Senior Loan	60%	13,200,000	LDT	9,000	220
Interest Rate	360	4.51%			1,980,000
Libor 가정(5 Year IRS)		1.51%			
Margin		3.00%			
Junior Loan	0%	–			
Interest Rate	360	10.47%			
Libor		5.47%			
Margin		5.00%	10 Year Old	6,000,000	

두 번의 성공을 거둔 K 선장님은 선박투자에 대한 무모한 자신감을 갖게 되었고, 기존 선박을 매각했던 2011년에 곧바로 5년산 핸디사이즈 벌크선을 매입하셨다. 해당 투자 건은 후배들의 도움이 없는 단독 투자였다.

실제 매입 선가는 USD 22M이었고, 5년 뒤 매각 예상가는 USD 6M로 가정했다. 대선료 추정은 과거 10년 평균 1 Year TC Rate가 Daily USD 15,774였지만, 수치가 너무 높아 당시의 1 Year TC Rate인 Daily USD 10,875를 5년 동안의 가정 수치로 적용했다.

CAPEX 추정

		Senior Loan			
No	Date	Outstanding	Principal	Interest	Daily CAPEX
–	2011-08-05	13,200,000	–		

1	2011-11-05	12,840,000	360,000	152,137	5,567
2	2012-02-05	12,480,000	360,000	147,988	5,522
3	2012-05-05	12,120,000	360,000	140,712	5,563
4	2012-08-05	11,760,000	360,000	139,690	5,431
5	2012-11-05	11,400,000	360,000	135,541	5,386
6	2013-02-05	11,040,000	360,000	131,391	5,341
7	2013-05-05	10,680,000	360,000	123,093	5,428
8	2013-08-05	10,320,000	360,000	123,093	5,251
9	2013-11-05	9,960,000	360,000	118,944	5,206
10	2014-02-05	9,600,000	360,000	114,795	5,161
11	2014-05-05	9,240,000	360,000	107,037	5,248
12	2014-08-05	8,880,000	360,000	106,496	5,071
13	2014-11-05	8,520,000	360,000	102,347	5,026
14	2015-02-05	8,160,000	360,000	98,198	4,980
15	2015-05-05	7,800,000	360,000	90,982	5,067
16	2015-08-05	7,440,000	360,000	89,899	4,890
17	2015-11-05	7,080,000	360,000	85,750	4,845
18	2016-02-05	6,720,000	360,000	81,601	4,800
19	2016-05-05	6,360,000	360,000	75,768	4,842
20	2016-08-05	6,000,000	360,000	73,303	4,710

Profit / Loss 추정

No	Date	CAPEX	OPEX	C+O	TC rate	Daily Net Profit	Days	Net Profit
–	2011-08-05							
1	2011-11-05	5,567	5,000	10,567	10,875	308	92	28,363
2	2012-02-05	5,522	5,000	10,522	10,875	353	92	32,512
3	2012-05-05	5,563	5,000	10,563	10,875	312	90	28,038
4	2012-08-05	5,431	5,000	10,431	10,875	444	92	40,810
5	2012-11-05	5,386	5,000	10,386	10,875	489	92	44,959

6	2013-02-05	5,341	5,000	10,341	10,875	534	92	49,109
7	2013-05-05	5,428	5,000	10,428	10,875	447	89	39,782
8	2013-08-05	5,251	5,000	10,251	10,875	624	92	57,407
9	2013-11-05	5,206	5,000	10,206	10,875	669	92	61,556
10	2014-02-05	5,161	5,000	10,161	10,875	714	92	65,705
11	2014-05-05	5,248	5,000	10,248	10,875	627	89	55,838
12	2014-08-05	5,071	5,000	10,071	10,875	804	92	74,004
13	2014-11-05	5,026	5,000	10,026	10,875	849	92	78,153
14	2015-02-05	4,980	5,000	9,980	10,875	895	92	82,302
15	2015-05-05	5,067	5,000	10,067	10,875	808	89	71,893
16	2015-08-05	4,890	5,000	9,890	10,875	985	92	90,601
17	2015-11-05	4,845	5,000	9,845	10,875	1,030	92	94,750
18	2016-02-05	4,800	5,000	9,800	10,875	1,075	92	98,899
19	2016-05-05	4,842	5,000	9,842	10,875	1,033	90	92,982
20	2016-08-05	4,710	5,000	9,710	10,875	1,165	92	107,197

선박을 매매하던 시점의 대선료 수준으로는 LTV 수치가 낮아 5년 동안 대선 수익이 예상되었다.

총 수익률 추정

TC 순수익 합계 추정	초기 투자금	S&P 수익	수익 합계 추정	총 수익률 추정
1,294,861	8,800,000	–	1,294,861	-85%

5년 동안의 수익 합계는 약 USD 1.3M로 예상되었다. 총 수익률은 -85%로 추정되어 바람직한 투자라고 보기에는 어려웠다. 시황이 회복되기만을 기대해야 했다.

Handysize bulk carrier – 5 Year					
Ship Price	Fair Market Value	22,000,000			
Equity	40%	8,800,000	Year 1 TC rate	10,875	
Total Loan	60%	13,200,000	Year 2 TC rate	8,350	
Senior Loan	60%	13,200,000	Year 3 TC rate	7,850	
Interest Rate	360	Table	Year 4 TC rate	8,400	
Libor	Table		Year 5 TC rate	6,750	
Margin	3.00%				
Junior Loan	0%	–	10 Year Old	6,750,000	2016-08-05
Interest Rate	360	Table	OPEX	5,000	
Libor	Table		LDT	9,000	220
Margin	0.00%				1,980,000

K 선장님의 기대와 달리 2011년도 선박투자는 실패로 판명되었다. 용선료 수준도 2016년까지 지속해서 하락했고, 중고 선가도 바닥으로 떨어져 버렸다. 2011년 8월 USD 22M에 매입한 해당 선박은 2016년 8월 그리스 바이어에게 USD 6.75M로 매각되었다.

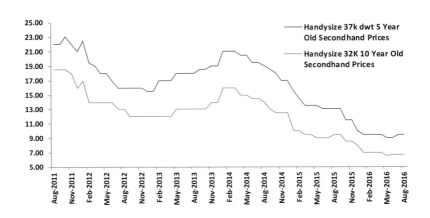

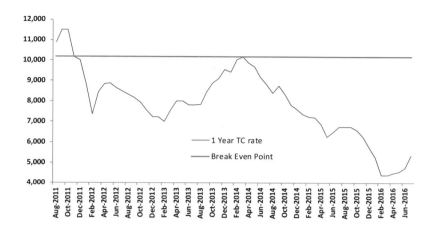

CAPEX

		Senior Loan			
No	Date	Outstanding	Principal	Interest	Daily CAPEX
–	2011–08–05	13,200,000	–		
1	2011–11–05	12,840,000	360,000	110,250	5,111
2	2012–02–05	12,480,000	360,000	112,714	5,138
3	2012–05–05	12,120,000	360,000	110,042	5,223
4	2012–08–05	11,760,000	360,000	107,349	5,080
5	2012–11–05	11,400,000	360,000	103,364	5,037
6	2013–02–05	11,040,000	360,000	96,511	4,962
7	2013–05–05	10,680,000	360,000	89,945	5,056
8	2013–08–05	10,320,000	360,000	89,388	4,885
9	2013–11–05	9,960,000	360,000	86,151	4,849
10	2014–02–05	9,600,000	360,000	82,412	4,809
11	2014–05–05	9,240,000	360,000	76,792	4,908
12	2014–08–05	8,880,000	360,000	76,102	4,740
13	2014–11–05	8,520,000	360,000	73,483	4,712
14	2015–02–05	8,160,000	360,000	70,379	4,678

15	2015-05-05	7,800,000	360,000	65,666	4,783
16	2015-08-05	7,440,000	360,000	65,376	4,624
17	2015-11-05	7,080,000	360,000	62,814	4,596
18	2016-02-05	6,720,000	360,000	60,316	4,569
19	2016-05-05	6,360,000	360,000	60,826	4,676
20	2016-08-05	6,000,000	360,000	59,047	4,555

실제 Daily CAPEX는 분기별 원금 상환의 영향으로 Daily USD 5,100~4,500 수준이었다.

Interest Rate

No	Date	3M Libor	Interest rate
1	2011-08-05	0.00268	3.27%
2	2011-11-05	0.00435	3.44%
3	2012-02-05	0.00527	3.53%
4	2012-05-05	0.00466	3.47%
5	2012-08-05	0.00439	3.44%
6	2012-11-05	0.00313	3.31%
7	2013-02-05	0.00296	3.30%
8	2013-05-05	0.00275	3.28%
9	2013-08-05	0.00267	3.27%
10	2013-11-05	0.00238	3.24%
11	2014-02-05	0.00236	3.24%
12	2014-05-05	0.00223	3.22%
13	2014-08-05	0.00238	3.24%
14	2014-11-05	0.00232	3.23%
15	2015-02-05	0.00255	3.26%
16	2015-05-05	0.00280	3.28%

17	2015-08-05	0.00304	3.30%
18	2015-11-05	0.00334	3.33%
19	2016-02-05	0.00621	3.62%
20	2016-05-05	0.00633	3.63%

3개월물 LIBOR 금리는 투자 기간 내내 저금리 상태를 유지한 덕에 선주에게 유리했다.

Profit / Loss

낮은 TC Rate 때문에 저금리 상황에서도 K 선장님은 막대한 손실을 봤다. 첫해에만 플러스 현금 흐름이 발생했고, 나머지 4개년 동안에는 지속해서 손실을 봤다. BDI가 283까지 떨어지는 하락 시장에서는 어쩔 수 없었다. 시장 선가도 계속해서 떨어졌다.

No	Date	CAPEX	OPEX	C+O	TC rate	Daily Net Profit	Days	Net Profit
-	2011-08-05							
1	2011-11-05	5,111	5,000	10,111	10,875	764	92	70,250
2	2012-02-05	5,138	5,000	10,138	10,875	737	92	67,786
3	2012-05-05	5,223	5,000	10,223	10,875	652	90	58,708
4	2012-08-05	5,080	5,000	10,080	10,875	795	92	73,151
5	2012-11-05	5,037	5,000	10,037	8,350	-1,687	92	-155,164
6	2013-02-05	4,962	5,000	9,962	8,350	-1,612	92	-148,311
7	2013-05-05	5,056	5,000	10,056	8,350	-1,706	89	-151,795
8	2013-08-05	4,885	5,000	9,885	8,350	-1,535	92	-141,188
9	2013-11-05	4,849	5,000	9,849	7,850	-1,999	92	-183,951
10	2014-02-05	4,809	5,000	9,809	7,850	-1,959	92	-180,212

11	2014-05-05	4,908	5,000	9,908	7,850	−2,058	89	−183,142
12	2014-08-05	4,740	5,000	9,740	7,850	−1,890	92	−173,902
13	2014-11-05	4,712	5,000	9,712	8,400	−1,312	92	−120,683
14	2015-02-05	4,678	5,000	9,678	8,400	−1,278	92	−117,579
15	2015-05-05	4,783	5,000	9,783	8,400	−1,383	89	−123,066
16	2015-08-05	4,624	5,000	9,624	8,400	−1,224	92	−112,576
17	2015-11-05	4,596	5,000	9,596	6,750	−2,846	92	−261,814
18	2016-02-05	4,569	5,000	9,569	6,750	−2,819	92	−259,316
19	2016-05-05	4,676	5,000	9,676	6,750	−2,926	90	−263,326
20	2016-08-05	4,555	5,000	9,555	6,750	−2,805	92	−258,047

총 수익률

TC 순수익 합계	S&P 수익	수익 합계	초기 투자금	총 수익률
−2,564,179	750,000	−1,814,179	8,800,000	−121%

선박 대선에 따른 손실은 약 USD 2.5M(약 28억 원, KRW 1,112.5)이었고, 총 손실률은 121%로 집계되었다.

Historical Data | Year 2011~2016

2011년 8월, 알 선생은 K 선장님에게 엔 캐리Yen Carry 금융을 적극적으로 권유했다. 당시 엔화가 달러 대비 초강세였기 때문이다. 하지만 선장님은 달러 금융을 진행하셨고, 해당 선박투자는 시황이 좋지 않아 막대한 손실을 보았다.

Handysize bulk carrier – 5 Year					
Ship Price	Fair Market Value	22,000,000	USD/JPY	78.86	101.18
Equity	40%	8,800,000	Year 1 TC rate	10,875	
Total Loan	60%	13,200,000	Year 2 TC rate	8,350	
Senior Loan	60%	13,200,000	Year 3 TC rate	7,850	
Interest Rate	360	4.51%	Year 4 TC rate	8,400	
Libor	Table		Year 5 TC rate	6,750	
Margin	2.50%				
JPY	0%	–	10 Year Old	6,750,000	2016-08-05
Interest Rate	365	2.50%			
Tibor	Table		OPEX	5,000	220
Margin	0.00%		LDT	9,000	1,980,000

알 선생은 실제 Historical Data를 가지고 해당 투자를 복기해 보았다. 엔화 대출에 대한 금리는 넉넉하게 2.5%로 가정해 보았다. 예상대로 엔화 환율은 아주 좋은 방향으로 흘러갔다.

환율(USD/JPY) 및 금리 상세

	Senior Loan – USD/JPY		
No	Date	USD/JPY	Interest rate
1	2011-08-05	78.86	2.50%
2	2011-11-05	78.22	2.50%
3	2012-02-05	76.55	2.50%
4	2012-05-05	79.84	2.50%
5	2012-08-05	78.46	2.50%
6	2012-11-05	80.43	2.50%
7	2013-02-05	92.29	2.50%
8	2013-05-05	99.01	2.50%

9	2013-08-05	98.95	2.50%
10	2013-11-05	98.63	2.50%
11	2014-02-05	101.66	2.50%
12	2014-05-05	102.18	2.50%
13	2014-08-05	102.57	2.50%
14	2014-11-05	113.67	2.50%
15	2015-02-05	117.31	2.50%
16	2015-05-05	120.12	2.50%
17	2015-08-05	124.38	2.50%
18	2015-11-05	121.55	2.50%
19	2016-02-05	116.75	2.50%
20	2016-05-05	106.97	2.50%
21	2016-08-05	101.18	2.50%

CAPEX 분석 | 엔 캐리

		Senior Loan – JPY				
No	Date	Outstanding Loan	Principal	Interest	Daily CAPEX	Daily CAPEX
1	2011-08-05	1,040,952,000			JPY	USD
2	2011-11-05	1,012,562,400	28,389,600	6,559,424	379,881	4,857
3	2012-02-05	984,172,800	28,389,600	6,380,530	377,936	4,937
4	2012-05-05	955,783,200	28,389,600	6,066,819	382,849	4,795
5	2012-08-05	927,393,600	28,389,600	6,022,743	374,047	4,767
6	2012-11-05	899,004,000	28,389,600	5,843,850	372,103	4,626
7	2013-02-05	870,614,400	28,389,600	5,664,957	370,158	4,011
8	2013-05-05	842,224,800	28,389,600	5,307,170	378,615	3,824
9	2013-08-05	813,835,200	28,389,600	5,307,170	366,269	3,702
10	2013-11-05	785,445,600	28,389,600	5,128,277	364,325	3,694
11	2014-02-05	757,056,000	28,389,600	4,949,383	362,380	3,565
12	2014-05-05	728,666,400	28,389,600	4,614,930	370,837	3,629

13	2014-08-05	700,276,800	28,389,600	4,591,596	358,491	3,495
14	2014-11-05	671,887,200	28,389,600	4,412,703	356,547	3,137
15	2015-02-05	643,497,600	28,389,600	4,233,810	354,602	3,023
16	2015-05-05	615,108,000	28,389,600	3,922,691	363,059	3,022
17	2015-08-05	586,718,400	28,389,600	3,876,023	350,713	2,820
18	2015-11-05	558,328,800	28,389,600	3,697,130	348,769	2,869
19	2016-02-05	529,939,200	28,389,600	3,518,236	346,824	2,971
20	2016-05-05	501,549,600	28,389,600	3,266,748	351,737	3,288
21	2016-08-05	473,160,000	28,389,600	3,160,450	342,935	3,389
	USD	4,676,418				

엔화 약세의 영향으로 엔화 대출에 따른 Daily CAPEX 수치는 달러 대출보다 현저히 낮아졌다.

Profit / Loss

No	Date	CAPEX	OPEX	C+O	TC rate	Daily Net Profit	Days	Net Profit
–	2011-08-05							
1	2011-11-05	4,857	5,000	9,857	10,875	1,018	92	93,696
2	2012-02-05	4,937	5,000	9,937	10,875	938	92	86,285
3	2012-05-05	4,795	5,000	9,795	10,875	1,080	90	97,182
4	2012-08-05	4,767	5,000	9,767	10,875	1,108	92	101,903
5	2012-11-05	4,626	5,000	9,626	8,350	−1,276	92	−117,430
6	2013-02-05	4,011	5,000	9,011	8,350	−661	92	−60,795
7	2013-05-05	3,824	5,000	8,824	8,350	−474	89	−42,187
8	2013-08-05	3,702	5,000	8,702	8,350	−352	92	−32,343
9	2013-11-05	3,694	5,000	8,694	7,850	−844	92	−77,634
10	2014-02-05	3,565	5,000	8,565	7,850	−715	92	−65,746
11	2014-05-05	3,629	5,000	8,629	7,850	−779	89	−69,354

12	2014-08-05	3,495	5,000	8,495	7,850	−645	92	−59,348
13	2014-11-05	3,137	5,000	8,137	8,400	263	92	24,225
14	2015-02-05	3,023	5,000	8,023	8,400	377	92	34,704
15	2015-05-05	3,022	5,000	8,022	8,400	378	89	33,600
16	2015-08-05	2,820	5,000	7,820	8,400	580	92	53,388
17	2015-11-05	2,869	5,000	7,869	6,750	−1,119	92	−102,980
18	2016-02-05	2,971	5,000	7,971	6,750	−1,221	92	−112,301
19	2016-05-05	3,288	5,000	8,288	6,750	−1,538	90	−138,437
20	2016-08-05	3,389	5,000	8,389	6,750	−1,639	92	−150,821

K 선장님의 세 번째 선박투자 건을 엔 캐리 가정으로 분석해 본 결과, 환율 영향으로 인해 달러보다 엔 캐리 금융으로 자금을 조달했을 때 투자 손실이 줄어든다는 것을 확인할 수 있었다.

총 수익률

TC 순수익 합계	S&P 수익	수익 합계	초기 투자금	총 수익률
−504,393	2,073,582	1,569,189	**8,800,000**	−82%

만약 당시 선장님께서 알 선생의 권유를 받아들여 엔 캐리 선박금융을 진행하셨다면 해당 선박투자의 손실 규모는 더 적었을 것이다. 아쉬운 의사결정이었다.

Projection | Year 2016~2021

K 선장님은 비록 세 번째(2011~2016년) 선박투자에서 손실을 보셨지만,

그 손실은 첫 번째(2001~2006년)와 두 번째(2006~2011년) 선박투자에서 거두었던 막대한 수익을 고려했을 때 감내할 만한 손실이었다. 그래서 선가가 역사상 최저점에 이르렀다고 판단한 2016년, K 선장님은 주저 없이 네 번째 선박투자를 진행하셨다.

Handysize bulk carrier – 5 Year					
Ship Price	Fair Market Value	9,500,000	TC rate	5,563	13,686
Equity	40%	3,800,000	OPEX	5,000	
Total Loan	60%	5,700,000			
Senior Loan	60%	5,700,000	LDT	9,000	220
Interest Rate	360	4.13%			1,980,000
Libor 가정(5 Year IRS)		1.13%			
Margin		3.00%			
Junior Loan	0%	–			
Interest Rate	360	6.13%			
Libor		1.13%			
Margin		5.00%	10 Year Old	6,000,000	

투자 노하우가 쌓인 K 선장님은 5년산 핸디사이즈 벌크선 매입을 고집하셨고, LTV 60% 자금 조달을 택하셨다. 프로젝트 분석을 위한 TC Rate 추정으로 투자 첫해의 실제 1 Year TC Rate를 적용했고, 나머지 기간도 보수적으로 해당 1 Year TC Rate를 적용했다. 5년 뒤 Residual Value는 10살 핸디사이즈 벌크선의 역사상 최젓값인 USD 6M로 추정되었다.

CAPEX 추정

No	Date	Senior Loan Outstanding	Principal	Interest	Daily CAPEX
–	2016–08–05	5,700,000	–		
1	2016–11–05	5,650,000	50,000	60,160	1,197
2	2017–02–05	5,600,000	50,000	59,633	1,192
3	2017–05–05	5,550,000	50,000	57,178	1,204
4	2017–08–05	5,500,000	50,000	58,577	1,180
5	2017–11–05	5,450,000	50,000	58,049	1,174
6	2018–02–05	5,400,000	50,000	57,522	1,169
7	2018–05–05	5,350,000	50,000	55,136	1,181
8	2018–08–05	5,300,000	50,000	56,466	1,157
9	2018–11–05	5,250,000	50,000	55,939	1,152
10	2019–02–05	5,200,000	50,000	55,411	1,146
11	2019–05–05	5,150,000	50,000	53,093	1,158
12	2019–08–05	5,100,000	50,000	54,355	1,134
13	2019–11–05	5,050,000	50,000	53,828	1,129
14	2020–02–05	5,000,000	50,000	53,300	1,123
15	2020–05–05	4,950,000	50,000	51,625	1,129
16	2020–08–05	4,900,000	50,000	52,245	1,111
17	2020–11–05	4,850,000	50,000	51,717	1,106
18	2021–02–05	4,800,000	50,000	51,189	1,100
19	2021–05–05	4,750,000	50,000	49,009	1,112
20	2021–08–05	4,700,000	50,000	50,134	1,088

추정된 Daily CAPEX 수치는 USD 1,100 수준으로 나타났다.

Profit / Loss 추정

No	Date	CAPEX	OPEX	C+O	TC rate	Daily Net Profit	Days	Net Profit
–	2016-08-05							
1	2016-11-05	1,197	5,000	6,197	5,563	−634	92	−58,364
2	2017-02-05	1,192	5,000	6,192	5,563	−629	92	−57,837
3	2017-05-05	1,204	5,000	6,204	5,563	−641	89	−57,071
4	2017-08-05	1,180	5,000	6,180	5,563	−617	92	−56,781
5	2017-11-05	1,174	5,000	6,174	5,563	−611	92	−56,253
6	2018-02-05	1,169	5,000	6,169	5,563	−606	92	−55,726
7	2018-05-05	1,181	5,000	6,181	5,563	−618	89	−55,029
8	2018-08-05	1,157	5,000	6,157	5,563	−594	92	−54,670
9	2018-11-05	1,152	5,000	6,152	5,563	−589	92	−54,143
10	2019-02-05	1,146	5,000	6,146	5,563	−583	92	−53,615
11	2019-05-05	1,158	5,000	6,158	5,563	−595	89	−52,986
12	2019-08-05	1,134	5,000	6,134	5,563	−571	92	−52,559
13	2019-11-05	1,129	5,000	6,129	5,563	−566	92	−52,032
14	2020-02-05	1,123	5,000	6,123	5,563	−560	92	−51,504
15	2020-05-05	1,129	5,000	6,129	5,563	−566	90	−50,955
16	2020-08-05	1,111	5,000	6,111	5,563	−548	92	−50,449
17	2020-11-05	1,106	5,000	6,106	5,563	−543	92	−49,921
18	2021-02-05	1,100	5,000	6,100	5,563	−537	92	−49,393
19	2021-05-05	1,112	5,000	6,112	5,563	−549	89	−48,902
20	2021-08-05	1,088	5,000	6,088	5,563	−525	92	−48,338

TC Rate 가정치를 보수적으로 책정하였더니 지속적인 대선 손실이 예상되었다.

총 수익률 추정

TC 순수익 합계 추정	S&P 수익	수익 합계 추정	초기 투자금	총 수익률 추정
−1,066,527	1,300,000	233,473	3,800,000	−94%

대선으로 인한 손실은 약 USD 1M로 추정되었고, S&P로 인한 수익은 USD 1.3M로 추정되었다. 투자금 대비 총 손실률이 94%로 추정되어 수익성 있는 프로젝트라고 보기 어려웠다. 단, 보수적인 가정을 바탕으로 분석된 수치였던 만큼 실제 결과는 그보다 좋을 것으로 기대했다.

Historical Data | Year 2016~2021

Handysize bulk carrier – 5 Year					
Ship Price	Fair Market Value	9,500,000			
Equity	40%	3,800,000	Year 1 TC rate	5,563	
Total Loan	60%	5,700,000	Year 2 TC rate	8,000	
Senior Loan	60%	5,700,000	Year 3 TC rate	10,500	
Interest Rate	360	Table	Year 4 TC rate	9,100	
Libor	Table		Year 5 TC rate	8,516	
Margin	3.00%				
Junior Loan	0%	–	10 Year Old	16,250,000	2021-08-05
Interest Rate	360	Table	OPEX	5,000	
Libor	Table		LDT	9,000	220
Margin	0.00%				1,980,000

벌크선 시장이 정상화된 덕분에, 2016년 USD 9.5M에 매입한 5년산 중고 핸디사이즈 벌크선은 2021년이면 10년산이 되는데도 매각 선가가

USD 16.25M에 이르렀다. 매입과 매각 타이밍이 절묘했다. 1 Year TC Rate 수준도 바닥에서 점차 회복되어 2021년까지 계속해서 상승했다.

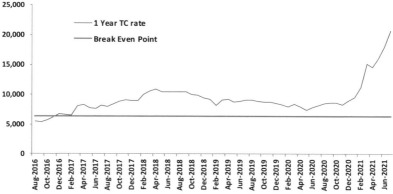

CAPEX

| | | Senior Loan | | | |
No	Date	Outstanding	Principal	Interest	Daily CAPEX
-	2016-08-05	5,700,000	-		
1	2016-11-05	5,650,000	50,000	55,027	1,142

2	2017-02-05	5,600,000	50,000	56,036	1,153
3	2017-05-05	5,550,000	50,000	55,848	1,189
4	2017-08-05	5,500,000	50,000	59,162	1,187
5	2017-11-05	5,450,000	50,000	60,603	1,202
6	2018-02-05	5,400,000	50,000	61,170	1,208
7	2018-05-05	5,350,000	50,000	63,933	1,280
8	2018-08-05	5,300,000	50,000	73,326	1,340
9	2018-11-05	5,250,000	50,000	72,368	1,330
10	2019-02-05	5,200,000	50,000	75,031	1,359
11	2019-05-05	5,150,000	50,000	73,696	1,390
12	2019-08-05	5,100,000	50,000	73,174	1,339
13	2019-11-05	5,050,000	50,000	68,285	1,286
14	2020-02-05	5,000,000	50,000	63,115	1,230
15	2020-05-05	4,950,000	50,000	59,263	1,214
16	2020-08-05	4,900,000	50,000	44,792	1,030
17	2020-11-05	4,850,000	50,000	40,685	986
18	2021-02-05	4,800,000	50,000	39,969	978
19	2021-05-05	4,750,000	50,000	37,916	988
20	2021-08-05	4,700,000	50,000	38,558	963

Daily CAPEX 수준도 원금 상환의 영향으로 USD 1,100대에서 960대까지 하락했다. 낮은 LTV와 저금리 덕분이었다.

Interest Rate

No	Date	3M Libor	Interest rate
1	2016-08-05	0.00778	3.78%
2	2016-11-05	0.00881	3.88%
3	2017-02-05	0.01034	4.03%
4	2017-05-05	0.01171	4.17%

5	2017-08-05	0.01312	4.31%
6	2017-11-05	0.01392	4.39%
7	2018-02-05	0.01789	4.79%
8	2018-05-05	0.02363	5.36%
9	2018-08-05	0.02343	5.34%
10	2018-11-05	0.02592	5.59%
11	2019-02-05	0.02733	5.73%
12	2019-05-05	0.02560	5.56%
13	2019-08-05	0.02239	5.24%
14	2019-11-05	0.01891	4.89%
15	2020-02-05	0.01741	4.74%
16	2020-05-05	0.00541	3.54%
17	2020-08-05	0.00249	3.25%
18	2020-11-05	0.00225	3.22%
19	2021-02-05	0.00195	3.20%
20	2021-05-05	0.00176	3.18%

3개월물 LIBOR 금리는 오르다가 COVID-19의 영향으로 다시 추락했다. Borrower에게는 나쁘지 않은 상황이 연출되었다.

Profit / Loss

No	Date	CAPEX	OPEX	C+O	TC rate	Daily Net Profit	Days	Net Profit
−	2016-08-05							
1	2016-11-05	1,142	5,000	6,142	5,563	−579	92	−53,231
2	2017-02-05	1,153	5,000	6,153	5,563	−590	92	−54,240
3	2017-05-05	1,189	5,000	6,189	5,563	−626	89	−55,741
4	2017-08-05	1,187	5,000	6,187	5,563	−624	92	−57,366
5	2017-11-05	1,202	5,000	6,202	8,000	1,798	92	165,397

6	2018-02-05	1,208	5,000	6,208	8,000	1,792	92	164,830
7	2018-05-05	1,280	5,000	6,280	8,000	1,720	89	153,067
8	2018-08-05	1,340	5,000	6,340	8,000	1,660	92	152,674
9	2018-11-05	1,330	5,000	6,330	10,500	4,170	92	383,632
10	2019-02-05	1,359	5,000	6,359	10,500	4,141	92	380,969
11	2019-05-05	1,390	5,000	6,390	10,500	4,110	89	365,804
12	2019-08-05	1,339	5,000	6,339	10,500	4,161	92	382,826
13	2019-11-05	1,286	5,000	6,286	9,100	2,814	92	258,915
14	2020-02-05	1,230	5,000	6,230	9,100	2,870	92	264,085
15	2020-05-05	1,214	5,000	6,214	9,100	2,886	90	259,738
16	2020-08-05	1,030	5,000	6,030	9,100	3,070	92	282,408
17	2020-11-05	986	5,000	5,986	8,516	2,530	92	232,787
18	2021-02-05	978	5,000	5,978	8,516	2,538	92	233,503
19	2021-05-05	988	5,000	5,988	8,516	2,528	89	225,008
20	2021-08-05	963	5,000	5,963	8,516	2,553	92	234,914

1 Year TC Rate가 정상 수준으로 회복되자 낮은 CAPEX의 영향으로 해당 선박은 바로 수익을 창출했다. 첫해에만 마이너스 현금 흐름이 발생했을 뿐, 나머지 4년 동안 많은 대선 수익이 창출되었다. 낮은 선가와 LTV 60% 대출의 효과였다.

총 수익률

TC 순수익 합계	S&P 수익	수익 합계	초기 투자금	총 수익률
3,919,979	11,550,000	15,469,979	**3,800,000**	**307%**

K 선장님의 네 번째 선박투자는 대성공이었다. 대선 수익으로 약 USD 3.9M(약 45억 원, KRW 1,145)을 거두었고, 매각 차액으로 약 USD 11.5M(약 132

억 원, KRW 1,145)의 수익을 올렸다. 수익의 총합은 약 USD 15.4M(약 177억 원, KRW 1,145)이었고 총 수익률은 307%로 기록되었다. 결국, K 선장님은 2016년 약 42억 원을 투자해 2021년 약 177억 원의 수익을 올리셨다. 대 성공이었다. 해가 뜨기 전 새벽이 가장 어둡다는 말은 사실이었다.

2. Handysize Bulk Carrier(5년산, 90%) 투자

Projection | Year 2001~2006

2001년, K 선장님과 동기인 L 선장님은 K 선장님이 선박을 구매하려 한다는 소식을 듣고 배가 몹시 아팠다. 질투심을 이기지 못해 L 선장님 도 급히 선박을 매입하기로 하셨다.

L 선장님은 K 선장님과는 달리 높은 레버리지 전략을 선택하셨다. 자 금은 평소 알고 지내던 해양대 후배의 운용사를 통해 조달하셨는데, 선 순위 대출은 시중은행에서, 후순위 대출은 캐피탈사에서 조달하셨다. L 선장님은 신용 보강을 위해 본인이 살고 계신 강남의 타워팰리스 주상복 합을 추가 담보로 제공하셨다.

Handysize bulk carrier – 5 Year				
Ship Price	Fair Market Value	10,500,000	TC rate	7,270

Equity	10%	1,050,000	OPEX	5,000	
Total Loan	90%	9,450,000			
Senior Loan	60%	6,300,000	LDT	9,000	220
Interest Rate	360	8.47%			1,980,000
Libor 가정(5 Year IRS)		5.47%			
Margin		3.00%			
Junior Loan	30%	3,150,000			
Interest Rate	360	10.47%			
Libor		5.47%			
Margin		5.00%	10 Year Old	6,000,000	

　금융 조건을 살펴보니 선순위 대출금리는 3개월물 LIBOR 금리에 3%의 가산금리가 붙었고, 후순위 대출금리는 선순위 대출금리보다 2% 더 높은 조건이었다.

　Inter-Creditor Agreement를 살펴보니, 선순위 대출 은행의 경우 Default 시 즉각 해당 선박을 임의로 처분하게끔 설정되어 있었다. 살펴보니 후순위 금융의 금리 조건이 생각보다 좋아 보였다. 역시 타워팰리스라는 추가 담보의 위력은 대단했다.

　선순위 및 후순위 대출의 분기별 상환 금액은 금융 기간이 끝나는 5년 뒤 해당 선박의 선령에 기준점을 두었다. 5년 뒤 해당 선박의 추정 중고 선가에 맞추어 분기별 상환 액수를 책정했다. 10년 된 핸디사이즈 벌크선 중고 선가의 추정치는 과거 10년간의 평균 중고 선가를 적용하였다.

CAPEX 추정

		Senior Loan			
No	Date	Outstanding	Principal	Interest	Daily CAPEX
–	2001–08–05	6,300,000	–		
1	2001–11–05	6,100,000	200,000	136,367	3,656
2	2002–02–05	5,900,000	200,000	132,038	3,609
3	2002–05–05	5,700,000	200,000	123,544	3,635
4	2002–08–05	5,500,000	200,000	123,380	3,515
5	2002–11–05	5,300,000	200,000	119,051	3,468
6	2003–02–05	5,100,000	200,000	114,721	3,421
7	2003–05–05	4,900,000	200,000	106,793	3,447
8	2003–08–05	4,700,000	200,000	106,063	3,327
9	2003–11–05	4,500,000	200,000	101,734	3,280
10	2004–02–05	4,300,000	200,000	97,405	3,233
11	2004–05–05	4,100,000	200,000	91,053	3,234
12	2004–08–05	3,900,000	200,000	88,747	3,139
13	2004–11–05	3,700,000	200,000	84,418	3,091
14	2005–02–05	3,500,000	200,000	80,089	3,044
15	2005–05–05	3,300,000	200,000	73,289	3,071
16	2005–08–05	3,100,000	200,000	71,430	2,950
17	2005–11–05	2,900,000	200,000	67,101	2,903
18	2006–02–05	2,700,000	200,000	62,772	2,856
19	2006–05–05	2,500,000	200,000	56,537	2,882
20	2006–08–05	2,300,000	200,000	54,114	2,762

CAPEX 추정

		Junior Portion			
No	Date	Outstanding	Principal	Interest	Daily CAPEX
–	2001–08–05	3,150,000	–		

1	2001-11-05	3,150,000	–	84,284	916
2	2002-02-05	3,150,000	–	84,284	916
3	2002-05-05	3,150,000	–	81,535	916
4	2002-08-05	3,150,000	–	84,284	916
5	2002-11-05	3,150,000	–	84,284	916
6	2003-02-05	3,150,000	–	84,284	916
7	2003-05-05	3,150,000	–	81,535	916
8	2003-08-05	3,150,000	–	84,284	916
9	2003-11-05	3,150,000	–	84,284	916
10	2004-02-05	3,150,000	–	84,284	916
11	2004-05-05	3,150,000	–	82,451	916
12	2004-08-05	3,150,000	–	84,284	916
13	2004-11-05	3,150,000	–	84,284	916
14	2005-02-05	3,150,000	–	84,284	916
15	2005-05-05	3,150,000	–	81,535	916
16	2005-08-05	3,150,000	–	84,284	916
17	2005-11-05	3,150,000	–	84,284	916
18	2006-02-05	3,150,000	–	84,284	916
19	2006-05-05	3,150,000	–	81,535	916
20	2006-08-05	3,150,000	–	84,284	916

후순위 대출은 대출 기간인 5년 동안 원금 상환 없이 이자만 지급하는 구조였다.

Profit / Loss 추정

No	Date	CAPEX	OPEX	C+O	TC rate	Daily Net Profit	Days	Net Profit
–	2001-08-05							
1	2001-11-05	4,572	5,000	9,572	7,270	-2,302	92	-211,811

2	2002-02-05	4,525	5,000	9,525	7,270	-2,255	92	-207,481
3	2002-05-05	4,551	5,000	9,551	7,270	-2,281	89	-203,049
4	2002-08-05	4,431	5,000	9,431	7,270	-2,161	92	-198,823
5	2002-11-05	4,384	5,000	9,384	7,270	-2,114	92	-194,494
6	2003-02-05	4,337	5,000	9,337	7,270	-2,067	92	-190,165
7	2003-05-05	4,363	5,000	9,363	7,270	-2,093	89	-186,298
8	2003-08-05	4,243	5,000	9,243	7,270	-1,973	92	-181,507
9	2003-11-05	4,196	5,000	9,196	7,270	-1,926	92	-177,178
10	2004-02-05	4,149	5,000	9,149	7,270	-1,879	92	-172,849
11	2004-05-05	4,150	5,000	9,150	7,270	-1,880	90	-169,204
12	2004-08-05	4,055	5,000	9,055	7,270	-1,785	92	-164,190
13	2004-11-05	4,008	5,000	9,008	7,270	-1,738	92	-159,861
14	2005-02-05	3,961	5,000	8,961	7,270	-1,691	92	-155,532
15	2005-05-05	3,987	5,000	8,987	7,270	-1,717	89	-152,794
16	2005-08-05	3,866	5,000	8,866	7,270	-1,596	92	-146,874
17	2005-11-05	3,819	5,000	8,819	7,270	-1,549	92	-142,545
18	2006-02-05	3,772	5,000	8,772	7,270	-1,502	92	-138,216
19	2006-05-05	3,799	5,000	8,799	7,270	-1,529	89	-136,042
20	2006-08-05	3,678	5,000	8,678	7,270	-1,408	92	-129,557

과거 10년 평균 1 Year TC Rate인 Daily USD 7,270을 5년간 적용해 Profit/Loss를 추정한 결과, 해당 프로젝트는 막대한 손실이 예상되었다. 높은 LTV 금융의 영향으로 보였다.

총 수익률 추정

TC 순수익 합계 추정	S&P 수익	수익 합계 추정	초기 투자금	총 수익률 추정
-3,418,469	550,000	-2,868,469	1,050,000	-373%

LTV 90% 조건으로 선박금융을 조달할 경우 해당 선박투자의 총 추정 손실률은 373%로 예상되었다. 강남 타워팰리스라는 추가 담보가 LTV 90% 조건의 선박금융 조달을 가능하게 만들었지만, 그런데도 L 선장님은 시기와 질투심에 선박투자를 강행했다.

| Historical Data | Year 2001~2006 |

알 선생은 금융 만기 시점인 2006년에 해당 선박투자 결과를 실제 데이터에 근거해 분석했다. 정말이지 L 선장님은 운이 좋으셨다. 선박 매입 후 China Effect로 인해 TC Rate가 폭등했고, 중고 선가도 높은 수준으로 뛰어올랐다. 우려와 달리 선박투자는 대성공으로 귀결되었다.

Handysize bulk carrier – 5 Year					
Ship Price	Fair Market Value	10,500,000			
Equity	10%	1,050,000	Year 1 TC rate	6,760	
Total Loan	90%	9,450,000	Year 2 TC rate	6,750	
Senior Loan	60%	6,300,000	Year 3 TC rate	8,240	
Interest Rate	360	Table	Year 4 TC rate	16,063	
Libor	Table		Year 5 TC rate	13,000	
Margin	3.00%				
Junior Loan	30%	3,150,000	10 Year Old	22,000,000	2006-08-05
Interest Rate	360	Table	OPEX	5,000	
Libor	Table		LDT	9,000	220
Margin	5%				1,980,000

선순위 & 후순위 대출금리 표

No	Date	3M Libor	Interest rate	Date	3M Libor	Interest rate
1	2001-08-05	0.03656	6.66%	2001-08-05	0.03656	8.66%
2	2001-11-05	0.02200	5.20%	2001-11-05	0.02200	7.20%
3	2002-02-05	0.01920	4.92%	2002-02-05	0.01920	6.92%
4	2002-05-05	0.01920	4.92%	2002-05-05	0.01920	6.92%
5	2002-08-05	0.01800	4.80%	2002-08-05	0.01800	6.80%
6	2002-11-05	0.01659	4.66%	2002-11-05	0.01659	6.66%
7	2003-02-05	0.01350	4.35%	2003-02-05	0.01350	6.35%
8	2003-05-05	0.01290	4.29%	2003-05-05	0.01290	6.29%
9	2003-08-05	0.01141	4.14%	2003-08-05	0.01141	6.14%
10	2003-11-05	0.01170	4.17%	2003-11-05	0.01170	6.17%
11	2004-02-05	0.01130	4.13%	2004-02-05	0.01130	6.13%
12	2004-05-05	0.01180	4.18%	2004-05-05	0.01180	6.18%
13	2004-08-05	0.01700	4.70%	2004-08-05	0.01700	6.70%
14	2004-11-05	0.02200	5.20%	2004-11-05	0.02200	7.20%
15	2005-02-05	0.02770	5.77%	2005-02-05	0.02770	7.77%
16	2005-05-05	0.03219	6.22%	2005-05-05	0.03219	8.22%
17	2005-08-05	0.03733	6.73%	2005-08-05	0.03733	8.73%
18	2005-11-05	0.04291	7.29%	2005-11-05	0.04291	9.29%
19	2006-02-05	0.04710	7.71%	2006-02-05	0.04710	9.71%
20	2006-05-05	0.05150	8.15%	2006-05-05	0.05150	10.15%

LIBOR 금리도 예상 범위에서 크게 벗어나지 않았다. 선순위 및 후순위 대출 관련 CAPEX는 예상 수치 안에서 움직였다.

CAPEX | 선순위 대출금

			Senior Loan		
No	Date	Outstanding	Principal	Interest	Daily CAPEX
–	2001-08-05	6,300,000	–		
1	2001-11-05	6,100,000	200,000	107,166	3,339
2	2002-02-05	5,900,000	200,000	81,062	3,055
3	2002-05-05	5,700,000	200,000	71,764	3,054
4	2002-08-05	5,500,000	200,000	71,668	2,953
5	2002-11-05	5,300,000	200,000	67,467	2,907
6	2003-02-05	5,100,000	200,000	63,100	2,860
7	2003-05-05	4,900,000	200,000	54,846	2,863
8	2003-08-05	4,700,000	200,000	53,720	2,758
9	2003-11-05	4,500,000	200,000	49,741	2,715
10	2004-02-05	4,300,000	200,000	47,955	2,695
11	2004-05-05	4,100,000	200,000	44,398	2,716
12	2004-08-05	3,900,000	200,000	43,797	2,650
13	2004-11-05	3,700,000	200,000	46,843	2,683
14	2005-02-05	3,500,000	200,000	49,169	2,708
15	2005-05-05	3,300,000	200,000	49,927	2,808
16	2005-08-05	3,100,000	200,000	52,450	2,744
17	2005-11-05	2,900,000	200,000	53,341	2,754
18	2006-02-05	2,700,000	200,000	54,032	2,761
19	2006-05-05	2,500,000	200,000	51,464	2,825
20	2006-08-05	2,300,000	200,000	52,069	2,740

CAPEX | 후순위 대출금

			Junior Portion		
No	Date	Outstanding	Principal	Interest	Daily
–	2001-08-05	3,150,000	–		

1	2001–11–05	3,150,000	–	69,683	757
2	2002–02–05	3,150,000	–	57,960	630
3	2002–05–05	3,150,000	–	53,890	606
4	2002–08–05	3,150,000	–	55,706	606
5	2002–11–05	3,150,000	–	54,740	595
6	2003–02–05	3,150,000	–	53,603	583
7	2003–05–05	3,150,000	–	49,451	556
8	2003–08–05	3,150,000	–	50,635	550
9	2003–11–05	3,150,000	–	49,437	537
10	2004–02–05	3,150,000	–	49,669	540
11	2004–05–05	3,150,000	–	48,274	536
12	2004–08–05	3,150,000	–	49,749	541
13	2004–11–05	3,150,000	–	53,935	586
14	2005–02–05	3,150,000	–	57,960	630
15	2005–05–05	3,150,000	–	60,509	680
16	2005–08–05	3,150,000	–	66,166	719
17	2005–11–05	3,150,000	–	70,302	764
18	2006–02–05	3,150,000	–	74,790	813
19	2006–05–05	3,150,000	–	75,617	850
20	2006–08–05	3,150,000	–	81,708	888

Profit / Loss

No	Date	CAPEX	OPEX	C+O	TC rate	Daily Net Profit	Days	Net Profit
–	2001–08–05							
1	2001–11–05	4,096	5,000	9,096	6,760	–2,336	92	–214,928
2	2002–02–05	3,685	5,000	8,685	6,760	–1,925	92	–177,102
3	2002–05–05	3,659	5,000	8,659	6,760	–1,899	89	–169,013
4	2002–08–05	3,558	5,000	8,558	6,760	–1,798	92	–165,454
5	2002–11–05	3,502	5,000	8,502	6,750	–1,752	92	–161,207

6	2003-02-05	3,442	5,000	8,442	6,750	−1,692	92	−155,703
7	2003-05-05	3,419	5,000	8,419	6,750	−1,669	89	−148,547
8	2003-08-05	3,308	5,000	8,308	6,750	−1,558	92	−143,355
9	2003-11-05	3,252	5,000	8,252	8,240	−12	92	−1,098
10	2004-02-05	3,235	5,000	8,235	8,240	5	92	457
11	2004-05-05	3,252	5,000	8,252	8,240	−12	90	−1,071
12	2004-08-05	3,191	5,000	8,191	8,240	49	92	4,534
13	2004-11-05	3,269	5,000	8,269	16,063	7,794	92	717,018
14	2005-02-05	3,338	5,000	8,338	16,063	7,725	92	710,667
15	2005-05-05	3,488	5,000	8,488	16,063	7,575	89	674,172
16	2005-08-05	3,463	5,000	8,463	16,063	7,600	92	699,180
17	2005-11-05	3,518	5,000	8,518	13,000	4,482	92	412,357
18	2006-02-05	3,574	5,000	8,574	13,000	4,426	92	407,179
19	2006-05-05	3,675	5,000	8,675	13,000	4,325	89	384,919
20	2006-08-05	3,628	5,000	8,628	13,000	4,372	92	402,223

해당 선박투자는 예상한 대로 90% LTV 대출 탓에 선박 매입 후 초기 3개년은 Loss를 기록했다. 하지만 China Effect로 Time Charter Rate 가 상승한 덕분에 4년 차와 5년 차에는 막대한 대선 수익을 창출했다.

총 수익률

TC 순수익 합계	S&P 수익	수익 합계	초기 투자금	총 수익률
3,075,226	16,550,000	19,625,226	1,050,000	1769%

레버리지의 효과는 놀라웠다. 선가와 운임이 폭등하는 시장에서 레버리지는 수익을 극대화해 주었다. LTV 90% 자금 조달을 통한 L 선장님의 선박투자는 USD 약 1M(약 13억 원, KRW 1,283)의 규모였지만 USD 19.6M(약

189억 원, KRW 965)이라는 순수익을 창출하게 만들어 주었다. 합계 수익률은 1,769%로 경이로운 수치였다. L 선장님의 운은 절로 욕심이 나고 질투심을 불러일으킬 만큼 뭐가 달라도 달랐다.

Projection ｜ Year 2006~2011

2001년의 선박투자로 약 189억 원을 버신 L 선장님은 선박투자에 자신감을 얻으셨다. 2006년에 소유한 선박을 매각하기 전, 이미 브로커를 통해 새로 매입할 선박을 정해 두셨다. 당시에는 벌크선의 선가가 많이 오른 상황이었지만, 기존 투자를 통해 많은 수익을 확보하셨기에 걱정이 없으셨다. 알 선생은 충분한 자본력이 갖추셨기에 낮은 LTV 투자를 권유했지만, L 선장님은 당시에도 90% LTV 투자를 고집했다.

Handysize bulk carrier – 5 Year					
Ship Price	Fair Market Value	27,000,000	TC rate	16,225	9,123
Equity	10%	2,700,000	OPEX	5,000	
Total Loan	90%	24,300,000			
Senior Loan	60%	16,200,000	LDT	9,000	220
Interest Rate	360	8.43%			1,980,000
Libor 가정(5 Year IRS)		5.43%			
Margin		3.00%			
Junior Loan	30%	8,100,000			
Interest Rate	360	10.43%			
Libor		5.43%			
Margin		5.00%	10 Year Old	11,080,000	

5년 뒤 중고선 선가에 대한 추정은 10살이 된 중고선의 과거 10년 평균 중고 선가를 적용하였다. 선순위와 후순위 대출의 원금 상환 스케줄은 추정된 5년 뒤 중고 선가(10년산 핸디사이즈 벌크선 중고선가)를 기준으로 작성되었다. 금융 기간에 상환되고 남을 5년 차 마지막 원금 상환 잔액을 추정된 10년산 중고 선가와 비교하여 똑같거나 그보다 낮게 설정하여야 하므로 그에 맞도록 적절히 Repayment Schedule을 작성했다.

CAPEX | 선순위 대출

No	Date	Outstanding	Principal	Interest	Daily CAPEX
			Senior Loan		
–	2006-08-05	16,200,000	–		
1	2006-11-05	15,500,000	700,000	349,002	11,402
2	2007-02-05	14,800,000	700,000	333,922	11,238
3	2007-05-05	14,100,000	700,000	308,444	11,331
4	2007-08-05	13,400,000	700,000	303,761	10,910
5	2007-11-05	12,700,000	700,000	288,681	10,747
6	2008-02-05	12,000,000	700,000	273,600	10,583
7	2008-05-05	11,300,000	700,000	252,900	10,588
8	2008-08-05	10,600,000	700,000	243,440	10,255
9	2008-11-05	9,900,000	700,000	228,359	10,091
10	2009-02-05	9,200,000	700,000	213,279	9,927
11	2009-05-05	8,500,000	700,000	191,736	10,020
12	2009-08-05	7,800,000	700,000	183,118	9,599
13	2009-11-05	7,100,000	700,000	168,038	9,435
14	2010-02-05	6,400,000	700,000	152,958	9,271
15	2010-05-05	5,700,000	700,000	133,381	9,364
16	2010-08-05	5,000,000	700,000	122,797	8,943
17	2010-11-05	4,300,000	700,000	107,717	8,780

No	Date				
18	2011-02-05	3,600,000	700,000	92,636	8,616
19	2011-05-05	2,900,000	700,000	75,027	8,708
20	2011-08-05	2,200,000	700,000	62,476	8,288

CAPEX | 후순위 대출

	Junior Portion				
No	Date	Outstanding	Principal	Interest	Daily CAPEX
-	2006-08-05	8,100,000	-		
1	2006-11-05	8,100,000	-	215,901	2,347
2	2007-02-05	8,100,000	-	215,901	2,347
3	2007-05-05	8,100,000	-	208,861	2,347
4	2007-08-05	8,100,000	-	215,901	2,347
5	2007-11-05	8,100,000	-	215,901	2,347
6	2008-02-05	8,100,000	-	215,901	2,347
7	2008-05-05	8,100,000	-	211,208	2,347
8	2008-08-05	8,100,000	-	215,901	2,347
9	2008-11-05	8,100,000	-	215,901	2,347
10	2009-02-05	8,100,000	-	215,901	2,347
11	2009-05-05	8,100,000	-	208,861	2,347
12	2009-08-05	8,100,000	-	215,901	2,347
13	2009-11-05	8,100,000	-	215,901	2,347
14	2010-02-05	8,100,000	-	215,901	2,347
15	2010-05-05	8,100,000	-	208,861	2,347
16	2010-08-05	8,100,000	-	215,901	2,347
17	2010-11-05	8,100,000	-	215,901	2,347
18	2011-02-05	8,100,000	-	215,901	2,347
19	2011-05-05	8,100,000	-	208,861	2,347
20	2011-08-05	8,100,000	-	215,901	2,347

Profit / Loss 추정

No	Date	CAPEX	OPEX	C+O	TC rate	Daily Net Profit	Days	Net Profit
–	2006–08–05							
1	2006–11–05	13,749	5,000	18,749	16,225	−2,524	92	−232,203
2	2007–02–05	13,585	5,000	18,585	16,225	−2,360	92	−217,123
3	2007–05–05	13,678	5,000	18,678	16,225	−2,453	89	−218,280
4	2007–08–05	13,257	5,000	18,257	16,225	−2,032	92	−186,962
5	2007–11–05	13,093	5,000	18,093	9,123	−8,970	92	−825,266
6	2008–02–05	12,929	5,000	17,929	9,123	−8,806	92	−810,185
7	2008–05–05	12,935	5,000	17,935	9,123	−8,812	90	−793,038
8	2008–08–05	12,602	5,000	17,602	9,123	−8,479	92	−780,025
9	2008–11–05	12,438	5,000	17,438	9,123	−8,315	92	−764,944
10	2009–02–05	12,274	5,000	17,274	9,123	−8,151	92	−749,864
11	2009–05–05	12,366	5,000	17,366	9,123	−8,243	89	−733,649
12	2009–08–05	11,946	5,000	16,946	9,123	−7,823	92	−719,703
13	2009–11–05	11,782	5,000	16,782	9,123	−7,659	92	−704,623
14	2010–02–05	11,618	5,000	16,618	9,123	−7,495	92	−689,543
15	2010–05–05	11,711	5,000	16,711	9,123	−7,588	89	−675,295
16	2010–08–05	11,290	5,000	16,290	9,123	−7,167	92	−659,382
17	2010–11–05	11,126	5,000	16,126	9,123	−7,003	92	−644,302
18	2011–02–05	10,962	5,000	15,962	9,123	−6,839	92	−629,221
19	2011–05–05	11,055	5,000	16,055	9,123	−6,932	89	−616,941
20	2011–08–05	10,635	5,000	15,635	9,123	−6,512	92	−599,061

프로젝트 분석을 위해 초기 1년은 2006년도 8월의 실제 1 Year TC Rate를 적용했고, 나머지 기간의 TC Rate는 과거 10년의 평균치를 적용했다. 그 결과 추정된 현금 흐름은 마이너스로 계산되었다. 역시나 LTV 90% 선박투자는 현명하지 못한 투자로 보였다.

총 수익률 추정

TC 순수익 합계 추정	S&P 수익	수익 합계 추정	초기 투자금	총 수익률 추정
−12,249,609	780,000	−11,469,609	2,700,000	−525%

해당 선박투자는 약 USD 11.5M라는 손실이 예상되었다.

Historical Data │ Year 2006~2011

　실제 Historical Data로 L 선장님의 LTV 90% 선박투자를 분석해 본 결과, 해운 경기의 초호황 덕분에 투자는 대성공이었다. 용선료 수준도 추정치보다 훨씬 높게 형성되었고, 실제 중고 선가도 추정된 중고 선가보다 높았다.

Handysize bulk carrier – 5 Year					
Ship Price	Fair Market Value	27,000,000			
Equity	10%	2,700,000	Year 1 TC rate	16,225	
Total Loan	90%	24,300,000	Year 2 TC rate	29,700	
Senior Loan	60%	16,200,000	Year 3 TC rate	34,950	
Interest Rate	360	Table	Year 4 TC rate	11,188	
Libor	Table		Year 5 TC rate	15,063	
Margin	3.00%				
Junior Loan	30%	8,100,000	10 Year Old	18,500,000	2011-08-05
Interest Rate	360	Table	OPEX	5,000	
Libor	Table		LDT	9,000	220
Margin	5.00%				1,980,000

CAPEX | 선순위 대출

		Senior Loan			
No	Date	Outstanding	Principal	Interest	Daily CAPEX
–	2006–08–05	16,200,000	–		
1	2006–11–05	15,500,000	700,000	351,072	11,425
2	2007–02–05	14,800,000	700,000	331,545	11,212
3	2007–05–05	14,100,000	700,000	305,883	11,302
4	2007–08–05	13,400,000	700,000	301,081	10,881
5	2007–11–05	12,700,000	700,000	286,284	10,720
6	2008–02–05	12,000,000	700,000	255,263	10,383
7	2008–05–05	11,300,000	700,000	182,850	9,809
8	2008–08–05	10,600,000	700,000	166,625	9,420
9	2008–11–05	9,900,000	700,000	156,963	9,315
10	2009–02–05	9,200,000	700,000	148,226	9,220
11	2009–05–05	8,500,000	700,000	96,294	8,947
12	2009–08–05	7,800,000	700,000	87,038	8,555
13	2009–11–05	7,100,000	700,000	69,206	8,361
14	2010–02–05	6,400,000	700,000	59,480	8,255
15	2010–05–05	5,700,000	700,000	51,407	8,443
16	2010–08–05	5,000,000	700,000	48,748	8,139
17	2010–11–05	4,300,000	700,000	43,888	8,086
18	2011–02–05	3,600,000	700,000	36,109	8,001
19	2011–05–05	2,900,000	700,000	29,463	8,196
20	2011–08–05	2,200,000	700,000	24,251	7,872

실제 이자율 | 선순위 대출

No	Date	3M Libor	Interest rate
1	2006–08–05	0.05480	8.48%
2	2006–11–05	0.05370	8.37%

3	2007-02-05	0.05360	8.36%
4	2007-05-05	0.05356	8.36%
5	2007-08-05	0.05360	8.36%
6	2007-11-05	0.04865	7.87%
7	2008-02-05	0.03095	6.10%
8	2008-05-05	0.02770	5.77%
9	2008-08-05	0.02794	5.79%
10	2008-11-05	0.02859	5.86%
11	2009-02-05	0.01234	4.23%
12	2009-05-05	0.01007	4.01%
13	2009-08-05	0.00472	3.47%
14	2009-11-05	0.00278	3.28%
15	2010-02-05	0.00249	3.25%
16	2010-05-05	0.00347	3.35%
17	2010-08-05	0.00435	3.43%
18	2010-11-05	0.00286	3.29%
19	2011-02-05	0.00311	3.31%
20	2011-05-05	0.00272	3.27%

CAPEX | 후순위 대출

		Junior Portion			
No	Date	Outstanding	Principal	Interest	Daily
–	2006-08-05	8,100,000	–		
1	2006-11-05	8,100,000	–	216,936	2,358
2	2007-02-05	8,100,000	–	214,659	2,333
3	2007-05-05	8,100,000	–	207,459	2,331
4	2007-08-05	8,100,000	–	214,362	2,330
5	2007-11-05	8,100,000	–	214,452	2,331
6	2008-02-05	8,100,000	–	204,206	2,220
7	2008-05-05	8,100,000	–	163,924	1,821

8	2008-08-05	8,100,000	–	160,839	1,748
9	2008-11-05	8,100,000	–	161,344	1,754
10	2009-02-05	8,100,000	–	162,676	1,768
11	2009-05-05	8,100,000	–	124,831	1,403
12	2009-08-05	8,100,000	–	124,342	1,352
13	2009-11-05	8,100,000	–	113,268	1,231
14	2010-02-05	8,100,000	–	109,257	1,188
15	2010-05-05	8,100,000	–	105,112	1,181
16	2010-08-05	8,100,000	–	110,674	1,203
17	2010-11-05	8,100,000	–	112,498	1,223
18	2011-02-05	8,100,000	–	109,419	1,189
19	2011-05-05	8,100,000	–	106,343	1,195
20	2011-08-05	8,100,000	–	109,136	1,186

실제 이자율 | 후순위 대출

No	Date	3M Libor	Interest rate
1	2006-08-05	0.05480	10.48%
2	2006-11-05	0.05370	10.37%
3	2007-02-05	0.05360	10.36%
4	2007-05-05	0.05356	10.36%
5	2007-08-05	0.05360	10.36%
6	2007-11-05	0.04865	9.87%
7	2008-02-05	0.03095	8.10%
8	2008-05-05	0.02770	7.77%
9	2008-08-05	0.02794	7.79%
10	2008-11-05	0.02859	7.86%
11	2009-02-05	0.01234	6.23%
12	2009-05-05	0.01007	6.01%
13	2009-08-05	0.00472	5.47%
14	2009-11-05	0.00278	5.28%

No	Date		0.00249	5.25%
15	2010-02-05		0.00249	5.25%
16	2010-05-05		0.00347	5.35%
17	2010-08-05		0.00435	5.43%
18	2010-11-05		0.00286	5.29%
19	2011-02-05		0.00311	5.31%
20	2011-05-05		0.00272	5.27%

Profit / Loss

No	Date	CAPEX	OPEX	C+O	TC rate	Daily Net Profit	Days	Net Profit
–	2006-08-05							
1	2006-11-05	13,783	5,000	18,783	16,225	-2,558	92	-235,308
2	2007-02-05	13,546	5,000	18,546	16,225	-2,321	92	-213,504
3	2007-05-05	13,633	5,000	18,633	16,225	-2,408	89	-214,317
4	2007-08-05	13,211	5,000	18,211	16,225	-1,986	92	-182,743
5	2007-11-05	13,051	5,000	18,051	29,700	11,649	92	1,071,664
6	2008-02-05	12,603	5,000	17,603	29,700	12,097	92	1,112,932
7	2008-05-05	11,631	5,000	16,631	29,700	13,069	90	1,176,226
8	2008-08-05	11,168	5,000	16,168	29,700	13,532	92	1,244,936
9	2008-11-05	11,069	5,000	16,069	34,950	18,881	92	1,737,093
10	2009-02-05	10,988	5,000	15,988	34,950	18,962	92	1,744,498
11	2009-05-05	10,350	5,000	15,350	34,950	19,600	89	1,744,425
12	2009-08-05	9,906	5,000	14,906	34,950	20,044	92	1,844,019
13	2009-11-05	9,592	5,000	14,592	11,188	-3,404	92	-313,178
14	2010-02-05	9,443	5,000	14,443	11,188	-3,255	92	-299,441
15	2010-05-05	9,624	5,000	14,624	11,188	-3,436	89	-305,788
16	2010-08-05	9,342	5,000	14,342	11,188	-3,154	92	-290,126
17	2010-11-05	9,309	5,000	14,309	15,063	754	92	69,410
18	2011-02-05	9,191	5,000	14,191	15,063	872	92	80,268
19	2011-05-05	9,391	5,000	14,391	15,063	672	89	59,801
20	2011-08-05	9,059	5,000	14,059	15,063	1,004	92	92,409

정말이지 L 선장님은 투자 운이 따랐다. 90%의 높은 LTV 투자였지만, 2년 차와 3년 차의 Time Charter Rate가 CAPEX와 OPEX를 모두 커버하고도 막대한 수익이 발생할 만큼 매우 높았다.

총 수익률

TC 순수익 합계	S&P 수익	수익 합계	초기 투자금	총 수익률
9,923,277	8,200,000	18,123,277	2,700,000	571%

정기 용선에서 벌어들인 수익은 약 USD 10M이었고, S&P에서 올린 수익은 약 USD 8M이었다. L 선장님이 2006 USD 2.7M(약 26억 원, KRW 965)을 투자해 2011년에 벌어들인 총 수익은 USD 18M(약 194억원, KRW 1,072)에 이르렀다.

Projection | Year 2011~2016

두 번의 선박투자에서 막대한 수익을 올리신 L 선장님은 매우 거만해졌다. 선박투자로 돈을 벌지 못하는 사람들을 이해할 수 없다고 주위에 떠벌리고 다니셨다. L 선장님은 2011년 투자했던 선박의 금융 만기일이 도래하자 해당 선박을 매각하는 동시에 다시금 건조한 지 5년이 된 핸디사이즈 선박을 매매하기로 했다.

Handysize bulk carrier – 5 Year					
Ship Price	Fair Market Value	22,000,000	TC rate	10,875	15,740

Equity	10%	2,200,000	OPEX	5,000	
Total Loan	90%	19,800,000			
Senior Loan	60%	13,200,000	LDT	9,000	220
Interest Rate	360	4.51%			1,980,000
Libor 가정(5 Year IRS)		1.51%			
Margin		3.00%			
Junior Loan	30%	6,600,000			
Interest Rate	360	6.51%			
Libor		1.51%			
Margin		5.00%	10 Year Old	19,610,000	

5년 뒤 10살이 될 해당 핸디사이즈 벌크선의 중고 선가는 과거 10년 평균 10살이었던 중고 선박들의 가격을 참고하여 그 추정치를 Residual Value로 설정했다. TC Rate는 2011년 8월 실제 1 Year TC Rate로 첫해 TC Rate를 추정했고, 나머지 4년간은 과거 10년간 1 Year TC Rate의 평균치를 사용했다. LIBOR 추정치는 2011년 8월 현재 5년물 IRS 금리를 5년간 일률적으로 적용해 프로젝트를 분석하였다.

CAPEX 추정 | 선순위 대출

			Senior Loan		
No	Date	Outstanding	Principal	Interest	Daily CAPEX
–	2011-08-05	13,200,000	–		
1	2011-11-05	12,840,000	360,000	152,137	5,567
2	2012-02-05	12,480,000	360,000	147,988	5,522
3	2012-05-05	12,120,000	360,000	140,712	5,563
4	2012-08-05	11,760,000	360,000	139,690	5,431
5	2012-11-05	11,400,000	360,000	135,541	5,386
6	2013-02-05	11,040,000	360,000	131,391	5,341

7	2013-05-05	10,680,000	360,000	123,093	5,428
8	2013-08-05	10,320,000	360,000	123,093	5,251
9	2013-11-05	9,960,000	360,000	118,944	5,206
10	2014-02-05	9,600,000	360,000	114,795	5,161
11	2014-05-05	9,240,000	360,000	107,037	5,248
12	2014-08-05	8,880,000	360,000	106,496	5,071
13	2014-11-05	8,520,000	360,000	102,347	5,026
14	2015-02-05	8,160,000	360,000	98,198	4,980
15	2015-05-05	7,800,000	360,000	90,982	5,067
16	2015-08-05	7,440,000	360,000	89,899	4,890
17	2015-11-05	7,080,000	360,000	85,750	4,845
18	2016-02-05	6,720,000	360,000	81,601	4,800
19	2016-05-05	6,360,000	360,000	75,768	4,842
20	2016-08-05	6,000,000	360,000	73,303	4,710

CAPEX 추정 | 후순위 대출

No	Date	Junior Portion Outstanding	Principal	Interest	Daily CAPEX
–	2011-08-05	6,600,000	–		
1	2011-11-05	6,600,000	–	109,802	1,194
2	2012-02-05	6,600,000	–	109,802	1,194
3	2012-05-05	6,600,000	–	107,415	1,194
4	2012-08-05	6,600,000	–	109,802	1,194
5	2012-11-05	6,600,000	–	109,802	1,194
6	2013-02-05	6,600,000	–	109,802	1,194
7	2013-05-05	6,600,000	–	106,222	1,194
8	2013-08-05	6,600,000	–	109,802	1,194
9	2013-11-05	6,600,000	–	109,802	1,194
10	2014-02-05	6,600,000	–	109,802	1,194
11	2014-05-05	6,600,000	–	106,222	1,194

12	2014-08-05	6,600,000	–	109,802	1,194
13	2014-11-05	6,600,000	–	109,802	1,194
14	2015-02-05	6,600,000	–	109,802	1,194
15	2015-05-05	6,600,000	–	106,222	1,194
16	2015-08-05	6,600,000	–	109,802	1,194
17	2015-11-05	6,600,000	–	109,802	1,194
18	2016-02-05	6,600,000	–	109,802	1,194
19	2016-05-05	6,600,000	–	107,415	1,194
20	2016-08-05	6,600,000	–	109,802	1,194

Profit / Loss 추정

No	Date	CAPEX	OPEX	C+O	TC rate	Daily Net Profit	Days	Net Profit
–	2011-08-05							
1	2011-11-05	6,760	5,000	11,760	10,875	-885	92	-81,439
2	2012-02-05	6,715	5,000	11,715	10,875	-840	92	-77,290
3	2012-05-05	6,757	5,000	11,757	10,875	-882	90	-79,377
4	2012-08-05	6,625	5,000	11,625	10,875	-750	92	-68,992
5	2012-11-05	6,580	5,000	11,580	15,740	4,160	92	382,737
6	2013-02-05	6,535	5,000	11,535	15,740	4,205	92	386,887
7	2013-05-05	6,622	5,000	11,622	15,740	4,118	89	366,546
8	2013-08-05	6,445	5,000	11,445	15,740	4,295	92	395,185
9	2013-11-05	6,399	5,000	11,399	15,740	4,341	92	399,334
10	2014-02-05	6,354	5,000	11,354	15,740	4,386	92	403,483
11	2014-05-05	6,441	5,000	11,441	15,740	4,299	89	382,601
12	2014-08-05	6,264	5,000	11,264	15,740	4,476	92	411,782
13	2014-11-05	6,219	5,000	11,219	15,740	4,521	92	415,931
14	2015-02-05	6,174	5,000	11,174	15,740	4,566	92	420,080
15	2015-05-05	6,261	5,000	11,261	15,740	4,479	89	398,657
16	2015-08-05	6,084	5,000	11,084	15,740	4,656	92	428,379

17	2015-11-05	6,039	5,000	11,039	15,740	4,701	92	432,528
18	2016-02-05	5,994	5,000	10,994	15,740	4,746	92	436,677
19	2016-05-05	6,035	5,000	11,035	15,740	4,705	90	423,417
20	2016-08-05	5,903	5,000	10,903	15,740	4,837	92	444,975

L 선장님의 가정치를 기본으로 해당 선박의 Profit/Loss를 추정해 본 결과, 첫해만 TC Rate가 낮아 마이너스 현금 흐름이 예상되었고, 나머지 4년 동안은 플러스 현금 흐름이 예상되었다.

총 수익률 추정

TC 순수익 합계 추정	S&P 수익	수익 합계 추정	초기 투자금	총 수익률 추정
6,222,102	7,010,000	13,232,102	2,200,000	501%

가정된 수치를 바탕으로 대선 수익과 선박 매매 수익을 추정해 본 결과 약 USD 13.2M(약 147억 원, KRW 1,112.5)의 총 수익이 예상되었다.

Historical Data │ Year 2011~2016

Handysize bulk carrier - 5 Year				
Ship Price	Fair Market Value	22,000,000		
Equity	10%	2,200,000	Year 1 TC rate	10,875
Total Loan	90%	19,800,000	Year 2 TC rate	8,350
Senior Loan	60%	13,200,000	Year 3 TC rate	7,850
Interest Rate	360	Table	Year 4 TC rate	8,400
Libor	Table		Year 5 TC rate	6,750

Margin	3.00%				
Junior Loan	30%	6,600,000	10 Year Old	6,750,000	2016-08-05
Interest Rate	360	Table	OPEX	5,000	
Libor	Table		LDT	9,000	220
Margin	5.00%				1,980,000

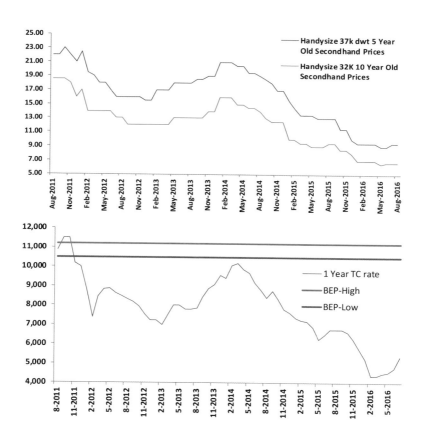

L 선장님의 세 번째 선박투자는 실패로 끝이 났다. 높은 매입 선가와 낮은 TC Rate로 인해 대규모 손실이 발생했다. 선박 구매 후 TC Rate는

지속해서 하락했고, 금융 만기 시점인 2016년에는 10년산 중고 선가도 역사상 최저점에 육박했다.

CAPEX | 선순위 대출

No	Date	Outstanding	Principal	Interest	Daily CAPEX
			Senior Loan		
–	2011-08-05	13,200,000	–		
1	2011-11-05	12,840,000	360,000	110,250	5,111
2	2012-02-05	12,480,000	360,000	112,714	5,138
3	2012-05-05	12,120,000	360,000	110,042	5,223
4	2012-08-05	11,760,000	360,000	107,349	5,080
5	2012-11-05	11,400,000	360,000	103,364	5,037
6	2013-02-05	11,040,000	360,000	96,511	4,962
7	2013-05-05	10,680,000	360,000	89,945	5,056
8	2013-08-05	10,320,000	360,000	89,388	4,885
9	2013-11-05	9,960,000	360,000	86,151	4,849
10	2014-02-05	9,600,000	360,000	82,412	4,809
11	2014-05-05	9,240,000	360,000	76,792	4,908
12	2014-08-05	8,880,000	360,000	76,102	4,740
13	2014-11-05	8,520,000	360,000	73,483	4,712
14	2015-02-05	8,160,000	360,000	70,379	4,678
15	2015-05-05	7,800,000	360,000	65,666	4,783
16	2015-08-05	7,440,000	360,000	65,376	4,624
17	2015-11-05	7,080,000	360,000	62,814	4,596
18	2016-02-05	6,720,000	360,000	60,316	4,569
19	2016-05-05	6,360,000	360,000	60,826	4,676
20	2016-08-05	6,000,000	360,000	59,047	4,555

Interest Rates | 선순위 대출

No	Date	3M Libor	Interest rate
1	2011-08-05	0.00268	3.27%
2	2011-11-05	0.00435	3.44%
3	2012-02-05	0.00527	3.53%
4	2012-05-05	0.00466	3.47%
5	2012-08-05	0.00439	3.44%
6	2012-11-05	0.00313	3.31%
7	2013-02-05	0.00296	3.30%
8	2013-05-05	0.00275	3.28%
9	2013-08-05	0.00267	3.27%
10	2013-11-05	0.00238	3.24%
11	2014-02-05	0.00236	3.24%
12	2014-05-05	0.00223	3.22%
13	2014-08-05	0.00238	3.24%
14	2014-11-05	0.00232	3.23%
15	2015-02-05	0.00255	3.26%
16	2015-05-05	0.00280	3.28%
17	2015-08-05	0.00304	3.30%
18	2015-11-05	0.00334	3.33%
19	2016-02-05	0.00621	3.62%
20	2016-05-05	0.00633	3.63%

CAPEX | 후순위 대출

No	Date	Outstanding	Principal	Interest	Daily
		Junior Portion			
–	2011-08-05	6,600,000	–		
1	2011-11-05	6,600,000	–	88,858	966
2	2012-02-05	6,600,000	–	91,670	996

3	2012-05-05	6,600,000	–	91,196	1,013
4	2012-08-05	6,600,000	–	92,191	1,002
5	2012-11-05	6,600,000	–	91,744	997
6	2013-02-05	6,600,000	–	89,608	974
7	2013-05-05	6,600,000	–	86,405	971
8	2013-08-05	6,600,000	–	88,973	967
9	2013-11-05	6,600,000	–	88,830	966
10	2014-02-05	6,600,000	–	88,343	960
11	2014-05-05	6,600,000	–	85,428	960
12	2014-08-05	6,600,000	–	88,092	958
13	2014-11-05	6,600,000	–	88,349	960
14	2015-02-05	6,600,000	–	88,252	959
15	2015-05-05	6,600,000	–	85,746	963
16	2015-08-05	6,600,000	–	89,052	968
17	2015-11-05	6,600,000	–	89,456	972
18	2016-02-05	6,600,000	–	89,960	978
19	2016-05-05	6,600,000	–	92,740	1,030
20	2016-08-05	6,600,000	–	95,008	1,033

Interest Rates | 후순위 대출

No	Date	3M Libor	Interest rate
1	2011-08-05	0.00268	5.27%
2	2011-11-05	0.00435	5.44%
3	2012-02-05	0.00527	5.53%
4	2012-05-05	0.00466	5.47%
5	2012-08-05	0.00439	5.44%
6	2012-11-05	0.00313	5.31%
7	2013-02-05	0.00296	5.30%
8	2013-05-05	0.00275	5.28%
9	2013-08-05	0.00267	5.27%

10	2013-11-05				0.00238			5.24%
11	2014-02-05				0.00236			5.24%
12	2014-05-05				0.00223			5.22%
13	2014-08-05				0.00238			5.24%
14	2014-11-05				0.00232			5.23%
15	2015-02-05				0.00255			5.26%
16	2015-05-05				0.00280			5.28%
17	2015-08-05				0.00304			5.30%
18	2015-11-05				0.00334			5.33%
19	2016-02-05				0.00621			5.62%
20	2016-05-05				0.00633			5.63%

Profit / Loss

No	Date	CAPEX	OPEX	C+O	TC rate	Daily Net Profit	Days	Net Profit
−	2011-08-05							
1	2011-11-05	6,077	5,000	11,077	10,875	−202	92	−18,608
2	2012-02-05	6,135	5,000	11,135	10,875	−260	92	−23,884
3	2012-05-05	6,236	5,000	11,236	10,875	−361	90	−32,488
4	2012-08-05	6,082	5,000	11,082	10,875	−207	92	−19,040
5	2012-11-05	6,034	5,000	11,034	8,350	−2,684	92	−246,908
6	2013-02-05	5,936	5,000	10,936	8,350	−2,586	92	−237,920
7	2013-05-05	6,026	5,000	11,026	8,350	−2,676	89	−238,200
8	2013-08-05	5,852	5,000	10,852	8,350	−2,502	92	−230,162
9	2013-11-05	5,815	5,000	10,815	7,850	−2,965	92	−272,781
10	2014-02-05	5,769	5,000	10,769	7,850	−2,919	92	−268,555
11	2014-05-05	5,868	5,000	10,868	7,850	−3,018	89	−268,569
12	2014-08-05	5,698	5,000	10,698	7,850	−2,848	92	−261,994
13	2014-11-05	5,672	5,000	10,672	8,400	−2,272	92	−209,033
14	2015-02-05	5,637	5,000	10,637	8,400	−2,237	92	−205,831

15	2015-05-05	5,746	5,000	10,746	8,400	-2,346	89	-208,812
16	2015-08-05	5,592	5,000	10,592	8,400	-2,192	92	-201,628
17	2015-11-05	5,568	5,000	10,568	6,750	-3,818	92	-351,270
18	2016-02-05	5,546	5,000	10,546	6,750	-3,796	92	-349,276
19	2016-05-05	5,706	5,000	10,706	6,750	-3,956	90	-356,066
20	2016-08-05	5,588	5,000	10,588	6,750	-3,838	92	-353,055

90% LTV 선박투자는 역시나 무리였다. 5년 동안 단 한 번의 플러스 현금 흐름도 보여 주지 못한 투자가 되었다. 투자 실패의 원인은 높은 LTV 대출과 낮은 TC Rate였다.

총 수익률

TC 순수익 합계	S&P 수익	수익 합계	초기 투자금	총 수익률
-4,354,080	-5,850,000	-10,204,080	**2,200,000**	-564%

역시나 L 선장님의 거만은 손실을 불러왔다. 세 번째 선박투자에서 L 선장님은 약 USD 10M(약 114억 원, KRW 1,112.5)의 손실을 경험하셨다. 하지만 앞선 두 번의 선박투자에서 많은 수익을 올려 충분히 감내할 수 있는 수준이었다.

Projection | Year 2016~2021

세 번째 선박투자에서 막대한 손실을 본 후, L 선장님은 다소 겸손해지실 것으로 보였다. 하지만 역시 사람은 변하지 않았다. L 선장님은 여전히 거만했고 자신감에 차 있었다. 투자했던 세 번째 선박을 매각하는 시점에서 다시금 네 번째 선박투자를 실행하셨다. 높은 LTV 대출의 위험성을 겪었음에도 또 한 번 90% LTV 대출을 실행하셨다.

Handysize bulk carrier – 5 Year					
Ship Price	Fair Market Value	9,500,000	TC rate	5,563	13,686
Equity	10%	950,000	OPEX	5,000	
Total Loan	90%	8,550,000			
Senior Loan	60%	5,700,000	LDT	9,000	220
Interest Rate	360	4.13%			1,980,000
Libor 가정(5 Year IRS)		1.13%			
Margin		3.00%			
Junior Loan	30%	2,850,000			
Interest Rate	360	6.13%			
Libor		1.13%			
Margin		5.00%	10 Year Old	6,000,000	

알 선생은 L 선장님의 네 번째 투자 선박에 대해서 최대한 보수적으로 현금 흐름을 계산해 보았다. TC Rate는 실제 2016년 8월 1 Year TC Rate를 전 기간에 적용하였고, 5년 뒤 중고 선가도 역사상 최저치인 USD 6M로 가정하여 최대 추정 손실액을 가늠해 보았다.

CAPEX 추정 | 선순위 대출

Senior Loan					
No	Date	Outstanding	Principal	Interest	Daily CAPEX
–	2016-08-05	5,700,000	–		

No	Date	Outstanding	Principal	Interest	Daily CAPEX
1	2016-11-05	5,572,500	127,500	60,160	2,040
2	2017-02-05	5,445,000	127,500	58,815	2,025
3	2017-05-05	5,317,500	127,500	55,595	2,057
4	2017-08-05	5,190,000	127,500	56,123	1,996
5	2017-11-05	5,062,500	127,500	54,778	1,981
6	2018-02-05	4,935,000	127,500	53,432	1,967
7	2018-05-05	4,807,500	127,500	50,388	1,999
8	2018-08-05	4,680,000	127,500	50,740	1,937
9	2018-11-05	4,552,500	127,500	49,395	1,923
10	2019-02-05	4,425,000	127,500	48,049	1,908
11	2019-05-05	4,297,500	127,500	45,180	1,940
12	2019-08-05	4,170,000	127,500	45,358	1,879
13	2019-11-05	4,042,500	127,500	44,012	1,864
14	2020-02-05	3,915,000	127,500	42,666	1,850
15	2020-05-05	3,787,500	127,500	40,422	1,866
16	2020-08-05	3,660,000	127,500	39,975	1,820
17	2020-11-05	3,532,500	127,500	38,629	1,806
18	2021-02-05	3,405,000	127,500	37,284	1,791
19	2021-05-05	3,277,500	127,500	34,766	1,823
20	2021-08-05	3,150,000	127,500	34,592	1,762

원금 상환에 따라 선순위 대출에 관한 Daily CAPEX 수치는 USD 2,040에서 USD 1,762까지 하락하는 것으로 추정되었다.

CAPEX 추정 | 후순위 대출

No	Date	Outstanding	Principal	Interest	Daily CAPEX
		Junior Portion			
-	2016-08-05	2,850,000	-		
1	2016-11-05	2,850,000	-	44,647	485

2	2017-02-05	2,850,000	–	44,647	485
3	2017-05-05	2,850,000	–	43,191	485
4	2017-08-05	2,850,000	–	44,647	485
5	2017-11-05	2,850,000	–	44,647	485
6	2018-02-05	2,850,000	–	44,647	485
7	2018-05-05	2,850,000	–	43,191	485
8	2018-08-05	2,850,000	–	44,647	485
9	2018-11-05	2,850,000	–	44,647	485
10	2019-02-05	2,850,000	–	44,647	485
11	2019-05-05	2,850,000	–	43,191	485
12	2019-08-05	2,850,000	–	44,647	485
13	2019-11-05	2,850,000	–	44,647	485
14	2020-02-05	2,850,000	–	44,647	485
15	2020-05-05	2,850,000	–	43,676	485
16	2020-08-05	2,850,000	–	44,647	485
17	2020-11-05	2,850,000	–	44,647	485
18	2021-02-05	2,850,000	–	44,647	485
19	2021-05-05	2,850,000	–	43,191	485
20	2021-08-05	2,850,000	–	44,647	485

후순위 대출에 관련된 Daily CAPEX는 원금 상환이 없어 Daily USD 485로 추정되었다.

Profit / Loss 추정

No	Date	CAPEX	OPEX	C+O	TC rate	Daily Net Profit	Days	Net Profit
–	2016-08-05							
1	2016-11-05	2,525	5,000	7,525	5,563	-1,962	92	-180,511
2	2017-02-05	2,510	5,000	7,510	5,563	-1,947	92	-179,165

3	2017-05-05	2,543	5,000	7,543	5,563	-1,980	89	-176,179
4	2017-08-05	2,481	5,000	7,481	5,563	-1,918	92	-176,474
5	2017-11-05	2,467	5,000	7,467	5,563	-1,904	92	-175,128
6	2018-02-05	2,452	5,000	7,452	5,563	-1,889	92	-173,783
7	2018-05-05	2,484	5,000	7,484	5,563	-1,921	89	-170,972
8	2018-08-05	2,423	5,000	7,423	5,563	-1,860	92	-171,091
9	2018-11-05	2,408	5,000	7,408	5,563	-1,845	92	-169,746
10	2019-02-05	2,393	5,000	7,393	5,563	-1,830	92	-168,400
11	2019-05-05	2,426	5,000	7,426	5,563	-1,863	89	-165,764
12	2019-08-05	2,364	5,000	7,364	5,563	-1,801	92	-165,709
13	2019-11-05	2,350	5,000	7,350	5,563	-1,787	92	-164,363
14	2020-02-05	2,335	5,000	7,335	5,563	-1,772	92	-163,017
15	2020-05-05	2,351	5,000	7,351	5,563	-1,788	90	-160,929
16	2020-08-05	2,306	5,000	7,306	5,563	-1,743	92	-160,326
17	2020-11-05	2,291	5,000	7,291	5,563	-1,728	92	-158,980
18	2021-02-05	2,276	5,000	7,276	5,563	-1,713	92	-157,634
19	2021-05-05	2,309	5,000	7,309	5,563	-1,746	89	-155,350
20	2021-08-05	2,247	5,000	7,247	5,563	-1,684	92	-154,943

TC Rate 가정치를 보수적으로 적용한 결과, 전 기간 내내 마이너스 현금 흐름이 예상되었다.

총 수익률 추정

TC 순수익 합계 추정	S&P 수익	수익 합계 추정	초기 투자금	총 수익률 추정
-3,348,464	-	-3,348,464	950,000	-452%

프로젝트를 분석해 본 결과 대선으로 인한 손실은 5년간 약 USD 3.3M(약 38억 원, KRW 1,145)으로 추정되었다.

　L 선장님이 4번째 선박을 매입한 후 TC Rate와 중고 선가를 살펴보았다. BDI는 2016년 최저점인 283을 찍고 계속해서 상승했으며, 핸디사이즈 벌크선의 TC Rate와 중고 선가도 상승했다.

Handysize bulk carrier – 5 Year					
Ship Price	Fair Market Value	9,500,000			
Equity	10%	950,000	Year 1 TC rate	5,563	
Total Loan	90%	8,550,000	Year 2 TC rate	8,000	
Senior Loan	60%	5,700,000	Year 3 TC rate	10,500	
Interest Rate	360	Table	Year 4 TC rate	9,100	
Libor	Table		Year 5 TC rate	8,516	
Margin	3.00%				
Junior Loan	30%	2,850,000	10 Year Old	16,250,000	2021-08-05
Interest Rate	360	Table	OPEX	5,000	
Libor	Table		LDT	9,000	220
Margin	5.00%				1,980,000

특히, 2021년 8월에 건조된 지 10년 된 핸디사이즈 벌크선이었던 해당 중고선이 USD 16.25M으로 거래됨으로써 결국, L 선장님은 막대한 선박 매매 차익을 거두었다.

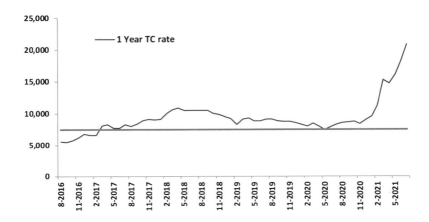

CAPEX │ 선순위 대출

		Senior Loan			
No	Date	Outstanding	Principal	Interest	Daily CAPEX
–	2016–08–05	5,700,000	–		
1	2016–11–05	5,572,500	127,500	55,027	1,984
2	2017–02–05	5,445,000	127,500	55,268	1,987
3	2017–05–05	5,317,500	127,500	54,303	2,043
4	2017–08–05	5,190,000	127,500	56,683	2,002
5	2017–11–05	5,062,500	127,500	57,187	2,007
6	2018–02–05	4,935,000	127,500	56,821	2,003
7	2018–05–05	4,807,500	127,500	58,428	2,089
8	2018–08–05	4,680,000	127,500	65,891	2,102
9	2018–11–05	4,552,500	127,500	63,902	2,080

10	2019-02-05	4,425,000	127,500	65,063	2,093
11	2019-05-05	4,297,500	127,500	62,713	2,137
12	2019-08-05	4,170,000	127,500	61,061	2,050
13	2019-11-05	4,042,500	127,500	55,833	1,993
14	2020-02-05	3,915,000	127,500	50,523	1,935
15	2020-05-05	3,787,500	127,500	46,403	1,932
16	2020-08-05	3,660,000	127,500	34,273	1,758
17	2020-11-05	3,532,500	127,500	30,389	1,716
18	2021-02-05	3,405,000	127,500	29,111	1,702
19	2021-05-05	3,277,500	127,500	26,896	1,735
20	2021-08-05	3,150,000	127,500	26,605	1,675

선순위 금리

No	Date	3M Libor	Interest rate
1	2016-08-05	0.00778	3.78%
2	2016-11-05	0.00881	3.88%
3	2017-02-05	0.01034	4.03%
4	2017-05-05	0.01171	4.17%
5	2017-08-05	0.01312	4.31%
6	2017-11-05	0.01392	4.39%
7	2018-02-05	0.01789	4.79%
8	2018-05-05	0.02363	5.36%
9	2018-08-05	0.02343	5.34%
10	2018-11-05	0.02592	5.59%
11	2019-02-05	0.02733	5.73%
12	2019-05-05	0.02560	5.56%
13	2019-08-05	0.02239	5.24%
14	2019-11-05	0.01891	4.89%
15	2020-02-05	0.01741	4.74%
16	2020-05-05	0.00541	3.54%

17	2020-08-05	0.00249	3.25%
18	2020-11-05	0.00225	3.22%
19	2021-02-05	0.00195	3.20%
20	2021-05-05	0.00176	3.18%

CAPEX | 후순위 대출

		Junior Portion			
No	Date	Outstanding	Principal	Interest	Daily
–	2016-08-05	2,850,000	–		
1	2016-11-05	2,850,000	–	42,080	457
2	2017-02-05	2,850,000	–	42,833	466
3	2017-05-05	2,850,000	–	42,515	478
4	2017-08-05	2,850,000	–	44,947	489
5	2017-11-05	2,850,000	–	45,970	500
6	2018-02-05	2,850,000	–	46,555	506
7	2018-05-05	2,850,000	–	47,834	537
8	2018-08-05	2,850,000	–	53,628	583
9	2018-11-05	2,850,000	–	53,482	581
10	2019-02-05	2,850,000	–	55,298	601
11	2019-05-05	2,850,000	–	54,483	612
12	2019-08-05	2,850,000	–	55,061	598
13	2019-11-05	2,850,000	–	52,726	573
14	2020-02-05	2,850,000	–	50,186	545
15	2020-05-05	2,850,000	–	48,030	534
16	2020-08-05	2,850,000	–	40,356	439
17	2020-11-05	2,850,000	–	38,230	416
18	2021-02-05	2,850,000	–	38,054	414
19	2021-05-05	2,850,000	–	36,604	411
20	2021-08-05	2,850,000	–	37,701	410

후순위 금리

No	Date	3M Libor	Interest rate
1	2016-08-05	0.00778	5.78%
2	2016-11-05	0.00881	5.88%
3	2017-02-05	0.01034	6.03%
4	2017-05-05	0.01171	6.17%
5	2017-08-05	0.01312	6.31%
6	2017-11-05	0.01392	6.39%
7	2018-02-05	0.01789	6.79%
8	2018-05-05	0.02363	7.36%
9	2018-08-05	0.02343	7.34%
10	2018-11-05	0.02592	7.59%
11	2019-02-05	0.02733	7.73%
12	2019-05-05	0.02560	7.56%
13	2019-08-05	0.02239	7.24%
14	2019-11-05	0.01891	6.89%
15	2020-02-05	0.01741	6.74%
16	2020-05-05	0.00541	5.54%
17	2020-08-05	0.00249	5.25%
18	2020-11-05	0.00225	5.22%
19	2021-02-05	0.00195	5.20%
20	2021-05-05	0.00176	5.18%

Profit / Loss

No	Date	CAPEX	OPEX	C+O	TC rate	Daily Net Profit	Days	Net Profit
-	2016-08-05							
1	2016-11-05	2,441	5,000	7,441	5,563	-1,878	92	-172,811
2	2017-02-05	2,452	5,000	7,452	5,563	-1,889	92	-173,805

3	2017-05-05	2,520	5,000	7,520	5,563	−1,957	89	−174,210
4	2017-08-05	2,491	5,000	7,491	5,563	−1,928	92	−177,334
5	2017-11-05	2,507	5,000	7,507	8,000	493	92	45,343
6	2018-02-05	2,510	5,000	7,510	8,000	490	92	45,125
7	2018-05-05	2,627	5,000	7,627	8,000	373	89	33,238
8	2018-08-05	2,685	5,000	7,685	8,000	315	92	28,981
9	2018-11-05	2,662	5,000	7,662	10,500	2,838	92	261,116
10	2019-02-05	2,694	5,000	7,694	10,500	2,806	92	258,139
11	2019-05-05	2,749	5,000	7,749	10,500	2,751	89	244,805
12	2019-08-05	2,648	5,000	7,648	10,500	2,852	92	262,377
13	2019-11-05	2,566	5,000	7,566	9,100	1,534	92	141,141
14	2020-02-05	2,481	5,000	7,481	9,100	1,619	92	148,991
15	2020-05-05	2,466	5,000	7,466	9,100	1,634	90	147,068
16	2020-08-05	2,197	5,000	7,197	9,100	1,903	92	175,071
17	2020-11-05	2,132	5,000	7,132	8,516	1,384	92	127,353
18	2021-02-05	2,116	5,000	7,116	8,516	1,400	92	128,807
19	2021-05-05	2,146	5,000	7,146	8,516	1,370	89	121,924
20	2021-08-05	2,085	5,000	7,085	8,516	1,431	92	131,666

2016년에 매입한 해당 선박의 가격은 역사상 최저가에 해당하는 수치여서 90% LTV 대출이었지만, 첫해를 제외한 나머지 기간에 플러스 현금 흐름이 창출되었다. 이후 3년 차부터는 막대한 대선 수익이 창출되었다. 낮은 선가와 투자하는 타이밍이 성공적인 선박투자의 핵심임을 다시금 확인할 수 있었던 사례였다.

총 수익률

TC 순수익 합계	S&P 수익	수익 합계	초기 투자금	총 수익률
1,602,984	10,250,000	11,852,984	950,000	1148%

그런 점에서 L 선장님은 정말 투자 운을 타고 나신 것 같았다. 네 번째 선박투자에서도 약 USD 11.8M(약 136억 원, KRW 1,145)의 수익을 창출하셨다. 잠깐 주춤했던 거만함이 다시 하늘을 찔렀다. 정말 정이 안 가는 해양대 선배였다.

3. Handysize Bulk Carrier(15년산, 60%) 투자

| Projection | Year 2001~2006

 M 도선사님은 오랫동안 선주를 꿈꿔 오셨다. 2001년 그 꿈을 실현하고자 지방에 사 놓은 상가 두 채와 아파트 한 채를 처분했다. 이후 본인이 오랫동안 승선했던 선박과 동형인 15년산 핸디사이즈 벌크선 한 척을 매매하기로 하며 알 선생에게 LTV 60%의 금융을 의뢰했다. 알 선생은 먼저 법인을 신속히 설립한 후, 외항부정기운송 면허를 취득하시라고 조언해 드렸다. 그 후 알 선생은 평소 친하게 지낸 D 증권의 S 부장님을 찾아뵙고, 해당 선박펀드의 총액 인수를 부탁드렸다. 때마침 성북동 돼지 엄마라는 분이 여유 달러를 가지고 계셨고 단독 투자를 하시겠다고 하셨다. 덕분에 M 도선사님의 선박 매입은 막힘없이 진행되었다.

Handysize bulk carrier – 15 Years				
Ship Price	Fair Market Value	5,250,000	TC rate	7,270

Equity	40%	2,100,000	OPEX	5,000	
Total Loan	60%	3,150,000			
Senior Loan	60%	3,150,000	LDT	9,000	220
Interest Rate	360	8.47%			1,980,000
Libor 가정(5 Year IRS)		5.47%			
Margin		3.00%			
Junior Loan	0%	–			
Interest Rate	360	0.00%			
Libor					
Margin			20 Year Old 2	1,980,000	

알 선생은 20년산 중고 선박의 선가는 의미 없다고 판단해 고철 가격으로 Residual Value를 산정하였다. 핸디사이즈 선박을 고철로 환산한 양은 9,000톤으로 파악되었고, 보수적으로 LDT당 220불을 Scrap 가격 산출 기준으로 잡았다.

CAPEX 추정 | 선순위 대출

선박 가격과 연동된 LTV 60% 대출 금액이 적어 Daily CAPEX 수치도 낮았다.

		Senior Loan			
No	Date	Outstanding	Principal	Interest	Daily CAPEX
–	2001-08-05	3,150,000	–		
1	2001-11-05	3,090,000	60,000	68,184	1,393
2	2002-02-05	3,030,000	60,000	66,885	1,379
3	2002-05-05	2,970,000	60,000	63,447	1,387
4	2002-08-05	2,910,000	60,000	64,287	1,351

5	2002-11-05	2,850,000	60,000	62,989	1,337
6	2003-02-05	2,790,000	60,000	61,690	1,323
7	2003-05-05	2,730,000	60,000	58,422	1,331
8	2003-08-05	2,670,000	60,000	59,092	1,294
9	2003-11-05	2,610,000	60,000	57,794	1,280
10	2004-02-05	2,550,000	60,000	56,495	1,266
11	2004-05-05	2,490,000	60,000	53,996	1,267
12	2004-08-05	2,430,000	60,000	53,897	1,238
13	2004-11-05	2,370,000	60,000	52,599	1,224
14	2005-02-05	2,310,000	60,000	51,300	1,210
15	2005-05-05	2,250,000	60,000	48,371	1,218
16	2005-08-05	2,190,000	60,000	48,703	1,182
17	2005-11-05	2,130,000	60,000	47,404	1,167
18	2006-02-05	2,070,000	60,000	46,105	1,153
19	2006-05-05	2,010,000	60,000	43,345	1,161
20	2006-08-05	1,950,000	60,000	43,508	1,125

Profit / Loss 추정

과거 10년 치 1 Year TC Rate의 평균 수치인 Daily USD 7,270로 프로 젝트의 수익을 추정한 결과 양호한 현금 흐름이 예상되었다.

No	Date	CAPEX	OPEX	C+O	TC rate	Daily Net Profit	Days	Net Profit
-	2001-08-05							
1	2001-11-05	1,393	5,000	6,393	7,270	877	92	80,657
2	2002-02-05	1,379	5,000	6,379	7,270	891	92	81,955
3	2002-05-05	1,387	5,000	6,387	7,270	883	89	78,583
4	2002-08-05	1,351	5,000	6,351	7,270	919	92	84,553
5	2002-11-05	1,337	5,000	6,337	7,270	933	92	85,851

6	2003-02-05	1,323	5,000	6,323	7,270	947	92	87,150
7	2003-05-05	1,331	5,000	6,331	7,270	939	89	83,608
8	2003-08-05	1,294	5,000	6,294	7,270	976	92	89,748
9	2003-11-05	1,280	5,000	6,280	7,270	990	92	91,046
10	2004-02-05	1,266	5,000	6,266	7,270	1,004	92	92,345
11	2004-05-05	1,267	5,000	6,267	7,270	1,003	90	90,304
12	2004-08-05	1,238	5,000	6,238	7,270	1,032	92	94,943
13	2004-11-05	1,224	5,000	6,224	7,270	1,046	92	96,241
14	2005-02-05	1,210	5,000	6,210	7,270	1,060	92	97,540
15	2005-05-05	1,218	5,000	6,218	7,270	1,052	89	93,659
16	2005-08-05	1,182	5,000	6,182	7,270	1,088	92	100,138
17	2005-11-05	1,167	5,000	6,167	7,270	1,103	92	101,436
18	2006-02-05	1,153	5,000	6,153	7,270	1,117	92	102,735
19	2006-05-05	1,161	5,000	6,161	7,270	1,109	89	98,685
20	2006-08-05	1,125	5,000	6,125	7,270	1,145	92	105,332

총 수익률 추정

TC 순수익 합계 추정	S&P 수익 추정	수익 합계 추정	초기 투자금	총 수익률 추정
1,836,509	30,000	1,866,509	2,100,000	-11%

대선으로 인한 TC 수익은 USD 1.8M로 예상되었으나, 해당 투자는 초기 투자금을 회수하지 못하는 프로젝트로 분석되었다. 그렇지만 M 도선 사님은 매우 낙관적으로 해당 투자 건을 바라보고 계셨다.

Historical Data | Year 2001~2006

M 도선사님의 선박투자는 환상적이었다. TC Rate는 계속 상승했고, 중고 선가도 폭등했다. 매우 성공적인 투자였다.

Handysize bulk carrier – 5 Year					
Ship Price	Fair Market Value	5,250,000			
Equity	40%	2,100,000	Year 1 TC rate	6,760	
Total Loan	60%	3,150,000	Year 2 TC rate	6,750	
Senior Loan	60%	3,150,000	Year 3 TC rate	8,240	
Interest Rate	360	Table	Year 4 TC rate	16,063	
Libor	Table		Year 5 TC rate	13,000	
Margin	3.00%				
Junior Loan	0%	–	20 Year Old	10,500,000	2006-08-05
Interest Rate	360	0.00%	OPEX	5,000	
Libor			LDT	9,000	220
Margin					1,980,000

특히, 2001년에 USD 5.25M로 매입한 15살 된 중고 선박을 금융 만기 시점인 2006년에 USD 10.5M 가격으로 매각할 수 있었던 점이 주효했다.

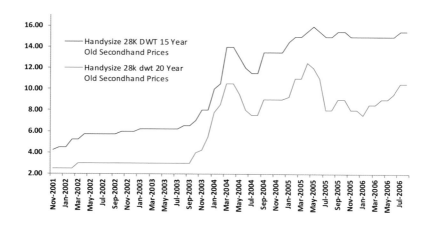

CAPEX

		Senior Loan			
No	Date	Outstanding	Principal	Interest	Daily CAPEX
–	2001–08–05	3,150,000	–		
1	2001–11–05	3,090,000	60,000	53,583	1,235
2	2002–02–05	3,030,000	60,000	41,063	1,099
3	2002–05–05	2,970,000	60,000	36,855	1,088
4	2002–08–05	2,910,000	60,000	37,343	1,058
5	2002–11–05	2,850,000	60,000	35,696	1,040
6	2003–02–05	2,790,000	60,000	33,931	1,021
7	2003–05–05	2,730,000	60,000	30,004	1,011
8	2003–08–05	2,670,000	60,000	29,930	977
9	2003–11–05	2,610,000	60,000	28,257	959
10	2004–02–05	2,550,000	60,000	27,814	954
11	2004–05–05	2,490,000	60,000	26,329	959
12	2004–08–05	2,430,000	60,000	26,599	941
13	2004–11–05	2,370,000	60,000	29,187	969
14	2005–02–05	2,310,000	60,000	31,495	995
15	2005–05–05	2,250,000	60,000	32,952	1,044
16	2005–08–05	2,190,000	60,000	35,761	1,041
17	2005–11–05	2,130,000	60,000	37,683	1,062
18	2006–02–05	2,070,000	60,000	39,685	1,084
19	2006–05–05	2,010,000	60,000	39,456	1,117
20	2006–08–05	1,950,000	60,000	41,864	1,107

선가가 낮고 차입 금액도 적어 Daily CAPEX는 USD 1,000불대로 유지되었다.

Profit / Loss

No	Date	CAPEX	OPEX	C+O	TC rate	Daily Net Profit	Days	Net Profit
−	2001-08-05							
1	2001-11-05	1,235	5,000	6,235	6,760	525	92	48,337
2	2002-02-05	1,099	5,000	6,099	6,760	661	92	60,857
3	2002-05-05	1,088	5,000	6,088	6,760	672	89	59,785
4	2002-08-05	1,058	5,000	6,058	6,760	702	92	64,577
5	2002-11-05	1,040	5,000	6,040	6,750	710	92	65,304
6	2003-02-05	1,021	5,000	6,021	6,750	729	92	67,069
7	2003-05-05	1,011	5,000	6,011	6,750	739	89	65,746
8	2003-08-05	977	5,000	5,977	6,750	773	92	71,070
9	2003-11-05	959	5,000	5,959	8,240	2,281	92	209,823
10	2004-02-05	954	5,000	5,954	8,240	2,286	92	210,266
11	2004-05-05	959	5,000	5,959	8,240	2,281	90	205,271
12	2004-08-05	941	5,000	5,941	8,240	2,299	92	211,481
13	2004-11-05	969	5,000	5,969	16,063	10,094	92	928,609
14	2005-02-05	995	5,000	5,995	16,063	10,068	92	926,301
15	2005-05-05	1,044	5,000	6,044	16,063	10,019	89	891,655
16	2005-08-05	1,041	5,000	6,041	16,063	10,022	92	922,035
17	2005-11-05	1,062	5,000	6,062	13,000	6,938	92	638,317
18	2006-02-05	1,084	5,000	6,084	13,000	6,916	92	636,315
19	2006-05-05	1,117	5,000	6,117	13,000	6,883	89	612,544
20	2006-08-05	1,107	5,000	6,107	13,000	6,893	92	634,136

낮은 선가와 LTV 수치 그리고 급등한 TC Rate는 막대한 대선 수익을 M 도선사님께 안겨 드렸다. 당시 투자로 M 도선사님은 선가, LTV 그리고 TC Rate가 대선 수익과 손실에 직접적인 영향을 준다는 사실을 알게 되셨다.

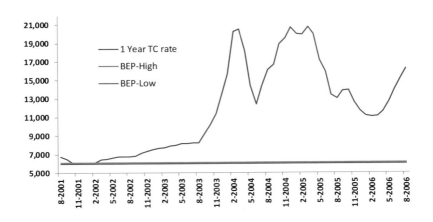

총 수익률

TC 순수익 합계	S&P 수익	수익 합계	초기 투자금	총 수익률
7,529,499	8,550,000	16,079,499	2,100,000	666%

대선 수익은 약 USD 7.5M, 선박 매각 차익은 USD 8.55M로, 총합계 수익은 약 USD 16M(약 155억 원, KRW 965)이 창출되었다. M 도선사님은 2001년 USD 2.1M(약 27억, KRW 1,283)을 투자해 2006년 155억 원의 순수익을 창출하셨다. 총 수익률은 666%였다.

Projection │ Year 2006~2011

M 도선사님은 생애 첫 선박투자에서 약 155억 원의 수익을 올리면서 큰 자신감을 얻으셨다. 그래서 첫 번째 선박투자에서 조달한 선박금융 만기일에 맞춰 기존 선박을 처분하시고, 바로 15살 된 핸디사이즈 중고

벌크선을 매입하셨다.

2006년에는 시황이 올라 선가가 높았다. 하지만 M 도선사님의 수중에는 투자 수익에 따른 자금이 있었기에 선박 매입에 망설임이 없으셨다. 주거래 은행인 S 은행에 150억 원을 예치하셨고, LTV 60%의 선순위 대출을 해당 은행에서 조달하셔서 선박 구매 자금으로 이용하셨다.

Handysize bulk carrier – 15 Years					
Ship Price	Fair Market Value	15,500,000	TC rate	16,225	9,123
Equity	40%	6,200,000	OPEX	5,000	
Total Loan	60%	9,300,000			
Senior Loan	60%	9,300,000	LDT	9,000	220
Interest Rate	360	8.47%			1,980,000
Libor 가정(5 Year IRS)		5.47%			
Margin		3.00%			
Junior Loan	0%	–			
Interest Rate	360	10.47%			
Libor		5.47%			
Margin		5.00%	20 Year Old	1,980,000	

알 선생은 M 도선사님의 두 번째 선박투자에 대한 추정 현금 흐름을 분석해 보았다. 5년 뒤 중고 선가는 Scrap 가격으로 추정하였다. TC Rate의 경우 첫해는 현재의 실제 용선료 수치를 적용하고, 나머지 4개년은 과거 10년 평균 1 Year TC Rate를 적용해 대선 수익을 예상해 보았다. 이자율 추정은 실제 5년물 IRS 수치인 5.47%를 적용해 이자 금액을 예상했다.

CAPEX 추정

No	Date	Senior Loan Outstanding	Principal	Interest	Daily CAPEX
–	2006–08–05	9,300,000	–		
1	2006–11–05	8,930,000	370,000	201,304	6,210
2	2007–02–05	8,560,000	370,000	193,295	6,123
3	2007–05–05	8,190,000	370,000	179,244	6,171
4	2007–08–05	7,820,000	370,000	177,277	5,949
5	2007–11–05	7,450,000	370,000	169,268	5,862
6	2008–02–05	7,080,000	370,000	161,259	5,775
7	2008–05–05	6,710,000	370,000	149,919	5,777
8	2008–08–05	6,340,000	370,000	145,242	5,600
9	2008–11–05	5,970,000	370,000	137,233	5,513
10	2009–02–05	5,600,000	370,000	129,224	5,426
11	2009–05–05	5,230,000	370,000	117,262	5,475
12	2009–08–05	4,860,000	370,000	113,206	5,252
13	2009–11–05	4,490,000	370,000	105,197	5,165
14	2010–02–05	4,120,000	370,000	97,189	5,078
15	2010–05–05	3,750,000	370,000	86,272	5,127
16	2010–08–05	3,380,000	370,000	81,171	4,904
17	2010–11–05	3,010,000	370,000	73,162	4,817
18	2011–02–05	2,640,000	370,000	65,153	4,730
19	2011–05–05	2,270,000	370,000	55,281	4,778
20	2011–08–05	1,900,000	370,000	49,135	4,556

Daily CAPEX 수치는 원금 상환에 따라 USD 6,200대에서 USD 4,500 대까지 줄어들었다.

Profit / Loss 추정

No	Date	CAPEX	OPEX	C+O	TC rate	Daily Net Profit	Days	Net Profit
−	2006−08−05							
1	2006−11−05	6,210	5,000	11,210	16,225	5,015	92	461,396
2	2007−02−05	6,123	5,000	11,123	16,225	5,102	92	469,405
3	2007−05−05	6,171	5,000	11,171	16,225	5,054	89	449,781
4	2007−08−05	5,949	5,000	10,949	16,225	5,276	92	485,423
5	2007−11−05	5,862	5,000	10,862	9,123	−1,739	92	−159,952
6	2008−02−05	5,775	5,000	10,775	9,123	−1,652	92	−151,943
7	2008−05−05	5,777	5,000	10,777	9,123	−1,654	90	−148,849
8	2008−08−05	5,600	5,000	10,600	9,123	−1,477	92	−135,926
9	2008−11−05	5,513	5,000	10,513	9,123	−1,390	92	−127,917
10	2009−02−05	5,426	5,000	10,426	9,123	−1,303	92	−119,908
11	2009−05−05	5,475	5,000	10,475	9,123	−1,352	89	−120,315
12	2009−08−05	5,252	5,000	10,252	9,123	−1,129	92	−103,890
13	2009−11−05	5,165	5,000	10,165	9,123	−1,042	92	−95,881
14	2010−02−05	5,078	5,000	10,078	9,123	−955	92	−87,873
15	2010−05−05	5,127	5,000	10,127	9,123	−1,004	89	−89,325
16	2010−08−05	4,904	5,000	9,904	9,123	−781	92	−71,855
17	2010−11−05	4,817	5,000	9,817	9,123	−694	92	−63,846
18	2011−02−05	4,730	5,000	9,730	9,123	−607	92	−55,837
19	2011−05−05	4,778	5,000	9,778	9,123	−655	89	−58,334
20	2011−08−05	4,556	5,000	9,556	9,123	−433	92	−39,819

　　투자 첫해에는 TC Rate가 높아 많은 대선 수익이 예상되었으나, 다음 4개년은 마이너스 현금 흐름이 예상되었다.

총 수익률 추정

TC 순수익 합계 추정	S&P 수익	수익 합계 추정	초기 투자금	총 수익률 추정
234,535	80,000	314,535	6,200,000	-94.93%

대선 수익과 Scrap 수익의 합계는 약 0.3M(약 3.4억 원, KRW 1,072)로 추정되었다. 하지만 해당 수익으로는 초기 투자금인 USD 6.2M을 회수할 수 없어 보였다. 추정된 현금 흐름으로 볼 때 해당 프로젝트는 수익성이 충분하지 못한 투자 건으로 분석되었다.

Historical Data │ Year 2006~2011

M 도선사님은 두 번째 선박투자에서도 대성공을 거두셨다. Scrap 가격으로 추정했던 20년 된 중고 선박도 USD 10M에 처분할 수 있었으며, 5년 동안의 대선 수익도 매우 훌륭했다.

Handysize bulk carrier - 15 Years					
Ship Price	Fair Market Value	15,500,000			
Equity	40%	6,200,000	Year 1 TC rate	16,225	
Total Loan	60%	9,300,000	Year 2 TC rate	29,700	
Senior Loan	60%	9,300,000	Year 3 TC rate	34,950	
Interest Rate	360	Table	Year 4 TC rate	11,188	
Libor	Table		Year 5 TC rate	15,063	
Margin	3.00%				
Junior Loan	0%	-	20 Year Old	10,000,000	2011-08-05
Interest Rate	360	Table	OPEX	5,000	

7	2008-05-05	5,310	5,000	10,310	29,700	19,390	90	1,745,119
8	2008-08-05	5,097	5,000	10,097	29,700	19,603	92	1,803,457
9	2008-11-05	5,042	5,000	10,042	34,950	24,908	92	2,291,518
10	2009-02-05	4,993	5,000	9,993	34,950	24,957	92	2,296,015
11	2009-05-05	4,816	5,000	9,816	34,950	25,134	89	2,236,936
12	2009-08-05	4,604	5,000	9,604	34,950	25,346	92	2,331,846
13	2009-11-05	4,490	5,000	9,490	11,188	1,698	92	156,175
14	2010-02-05	4,431	5,000	9,431	11,188	1,757	92	161,681
15	2010-05-05	4,529	5,000	9,529	11,188	1,659	89	147,639
16	2010-08-05	4,370	5,000	9,370	11,188	1,818	92	167,225
17	2010-11-05	4,344	5,000	9,344	15,063	5,719	92	526,128
18	2011-02-05	4,296	5,000	9,296	15,063	5,767	92	530,520
19	2011-05-05	4,400	5,000	9,400	15,063	5,663	89	504,000
20	2011-08-05	4,228	5,000	9,228	15,063	5,835	92	536,813

15년 된 선박은 상대적으로 선가가 낮았고, LTV 60% 수준이 비교적 양호한 원가를 유지하게 해 주었다. 거기에 더해 매년 1 Year TC Rate가 높은 수준으로 유지됨으로써 해당 선박은 5년간 막대한 대선 수익을 창출했다.

총 수익률

TC 순수익 합계	S&P 수익	수익 합계	초기 투자금	총 수익률
20,795,833	8,100,000	28,895,833	6,200,000	366%

M 도선사님은 대선 수익으로 약 USD 21M과 선박 매각 차익으로 약 USD 8M을 거두어 합계 수익 약 USD 29M(약 310억 원, KRW 1,072)을 벌어 들이셨다. 총 수익률은 366%로 계산되었다.

Projection | Year 2011~2016

M 도선사님은 두 번의 선박투자로 약 465억 원이라는 많은 수익을 올리셨다. 그 사이 도선사 일은 접으시고, 해운 회사 '회장'이라는 명함을 만들어 들고 다니셨다. 알 선생이 'M 회장님'이라고 불러드리니 매우 흡족해하셨다. 이후 M 회장님은 2011년에 두 번째 선박을 처분하시고 곧바로 세 번째 선박을 매입하셨다. 이번에도 예전과 같이 15년산 핸디사이즈 선박을 매입하셨고, LTV 60% 대출을 진행하셨다.

Handysize bulk carrier – 15 Years					
Ship Price	Fair Market Value	14,000,000	TC rate	10,875	15,774
Equity	40%	5,600,000	OPEX	5,000	
Total Loan	60%	8,400,000			
Senior Loan	60%	8,400,000	LDT	9,000	220
Interest Rate	360	4.51%			1,980,000
Libor 가정(5 Year IRS)		1.51%			
Margin		3.00%			
Junior Loan	0%	–			
Interest Rate	360	10.47%			
Libor		5.47%			
Margin		5.00%	20 Year Old	1,980,000	

알 선생은 서둘러 해당 선박투자 건을 분석해 보았다. 5년 뒤 중고 선가는 Scrap 가격으로 추정하였는데, 과거 10년 치 1 Year TC Rate 평균치가 너무 높아 투자 당시의 1 Year TC Rate 수치로 향후 5개년 TC Rate를 가정하였다.

CAPEX 추정 | 선순위 대출

| No | Date | Senior Loan | | | Daily CAPEX |
		Outstanding	Principal	Interest	
–	2011–08–05	8,400,000	–		
1	2011–11–05	8,079,000	321,000	96,815	4,541
2	2012–02–05	7,758,000	321,000	93,115	4,501
3	2012–05–05	7,437,000	321,000	87,471	4,539
4	2012–08–05	7,116,000	321,000	85,716	4,421
5	2012–11–05	6,795,000	321,000	82,016	4,381
6	2013–02–05	6,474,000	321,000	78,316	4,340
7	2013–05–05	6,153,000	321,000	72,183	4,418
8	2013–08–05	5,832,000	321,000	70,917	4,260
9	2013–11–05	5,511,000	321,000	67,217	4,220
10	2014–02–05	5,190,000	321,000	63,517	4,180
11	2014–05–05	4,869,000	321,000	57,867	4,257
12	2014–08–05	4,548,000	321,000	56,118	4,099
13	2014–11–05	4,227,000	321,000	52,418	4,059
14	2015–02–05	3,906,000	321,000	48,719	4,019
15	2015–05–05	3,585,000	321,000	43,551	4,096
16	2015–08–05	3,264,000	321,000	41,319	3,938
17	2015–11–05	2,943,000	321,000	37,619	3,898
18	2016–02–05	2,622,000	321,000	33,920	3,858
19	2016–05–05	2,301,000	321,000	29,563	3,895
20	2016–08–05	1,980,000	321,000	26,520	3,777

Profit / Loss 추정

No	Date	CAPEX	OPEX	C+O	TC rate	Daily Net Profit	Days	Net Profit
–	2011–08–05							
1	2011–11–05	4,541	5,000	9,541	10,875	1,334	92	122,685

2	2012-02-05	4,501	5,000	9,501	10,875	1,374	92	126,385
3	2012-05-05	4,539	5,000	9,539	10,875	1,336	90	120,279
4	2012-08-05	4,421	5,000	9,421	10,875	1,454	92	133,784
5	2012-11-05	4,381	5,000	9,381	10,875	1,494	92	137,484
6	2013-02-05	4,340	5,000	9,340	10,875	1,535	92	141,184
7	2013-05-05	4,418	5,000	9,418	10,875	1,457	89	129,692
8	2013-08-05	4,260	5,000	9,260	10,875	1,615	92	148,583
9	2013-11-05	4,220	5,000	9,220	10,875	1,655	92	152,283
10	2014-02-05	4,180	5,000	9,180	10,875	1,695	92	155,983
11	2014-05-05	4,257	5,000	9,257	10,875	1,618	89	144,008
12	2014-08-05	4,099	5,000	9,099	10,875	1,776	92	163,382
13	2014-11-05	4,059	5,000	9,059	10,875	1,816	92	167,082
14	2015-02-05	4,019	5,000	9,019	10,875	1,856	92	170,781
15	2015-05-05	4,096	5,000	9,096	10,875	1,779	89	158,324
16	2015-08-05	3,938	5,000	8,938	10,875	1,937	92	178,181
17	2015-11-05	3,898	5,000	8,898	10,875	1,977	92	181,881
18	2016-02-05	3,858	5,000	8,858	10,875	2,017	92	185,580
19	2016-05-05	3,895	5,000	8,895	10,875	1,980	90	178,187
20	2016-08-05	3,777	5,000	8,777	10,875	2,098	92	192,980

낮은 LTV 수준 덕분에 추정된 현금 흐름은 양호한 수준으로 나타났다.

총 수익률 추정

TC 순수익 합계 추정	S&P 수익	수익 합계 추정	초기 투자금	총 수익률 추정
3,088,728	–	3,088,728	5,600,000	−45%

세 번째 선박투자의 예상 총 수익은 약 USD 3M(약 34억 원, KRW 1,112.5)로 나타났다. 안타깝게도 해당 수익금 총액은 초기 투자금을 회수하지 못하는 액수였다.

　　결국, M 회장님의 세 번째 선박투자는 실패로 끝이 났다. 낮은 LTV 수치에도 불구하고 해운 시장의 경기가 워낙 좋지 않았던 탓이었다. 다만 손실 규모는 그다지 크지 않았다.

Handysize bulk carrier – 15 Years					
Ship Price	Fair Market Value	14,000,000			
Equity	40%	5,600,000	Year 1 TC rate	10,875	
Total Loan	60%	8,400,000	Year 2 TC rate	8,350	
Senior Loan	60%	8,400,000	Year 3 TC rate	7,850	
Interest Rate	360	Table	Year 4 TC rate	8,400	
Libor	Table		Year 5 TC rate	6,750	
Margin	3.00%				
Junior Loan	0%	–	20 Year Old	2,500,000	2016-08-05
Interest Rate	360	Table	OPEX	5,000	
Libor	Table		LDT	9,000	220
Margin	0.00%				1,980,000

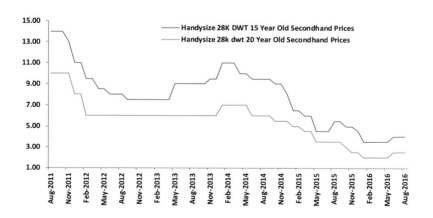

CAPEX

No	Date	Senior Loan Outstanding	Principal	Interest	Daily CAPEX
–	2011–08–05	8,400,000	–		
1	2011–11–05	8,079,000	321,000	70,159	4,252
2	2012–02–05	7,758,000	321,000	70,920	4,260
3	2012–05–05	7,437,000	321,000	68,406	4,327
4	2012–08–05	7,116,000	321,000	65,871	4,205
5	2012–11–05	6,795,000	321,000	62,546	4,169
6	2013–02–05	6,474,000	321,000	57,526	4,114
7	2013–05–05	6,153,000	321,000	52,745	4,199
8	2013–08–05	5,832,000	321,000	51,499	4,049
9	2013–11–05	5,511,000	321,000	48,685	4,018
10	2014–02–05	5,190,000	321,000	45,599	3,985
11	2014–05–05	4,869,000	321,000	41,515	4,073
12	2014–08–05	4,548,000	321,000	40,102	3,925
13	2014–11–05	4,227,000	321,000	37,635	3,898
14	2015–02–05	3,906,000	321,000	34,917	3,869
15	2015–05–05	3,585,000	321,000	31,433	3,960
16	2015–08–05	3,264,000	321,000	30,048	3,816
17	2015–11–05	2,943,000	321,000	27,557	3,789
18	2016–02–05	2,622,000	321,000	25,072	3,762
19	2016–05–05	2,301,000	321,000	23,733	3,830
20	2016–08–05	1,980,000	321,000	21,363	3,721

Profit / Loss

No	Date	CAPEX	OPEX	C+O	TC rate	Daily Net Profit	Days	Net Profit
–	2011–08–05							

1	2011-11-05	4,252	5,000	9,252	10,875	1,623	92	149,341
2	2012-02-05	4,260	5,000	9,260	10,875	1,615	92	148,580
3	2012-05-05	4,327	5,000	9,327	10,875	1,548	90	139,344
4	2012-08-05	4,205	5,000	9,205	10,875	1,670	92	153,629
5	2012-11-05	4,169	5,000	9,169	8,350	-819	92	-75,346
6	2013-02-05	4,114	5,000	9,114	8,350	-764	92	-70,326
7	2013-05-05	4,199	5,000	9,199	8,350	-849	89	-75,595
8	2013-08-05	4,049	5,000	9,049	8,350	-699	92	-64,299
9	2013-11-05	4,018	5,000	9,018	7,850	-1,168	92	-107,485
10	2014-02-05	3,985	5,000	8,985	7,850	-1,135	92	-104,399
11	2014-05-05	4,073	5,000	9,073	7,850	-1,223	89	-108,865
12	2014-08-05	3,925	5,000	8,925	7,850	-1,075	92	-98,902
13	2014-11-05	3,898	5,000	8,898	8,400	-498	92	-45,835
14	2015-02-05	3,869	5,000	8,869	8,400	-469	92	-43,117
15	2015-05-05	3,960	5,000	8,960	8,400	-560	89	-49,833
16	2015-08-05	3,816	5,000	8,816	8,400	-416	92	-38,248
17	2015-11-05	3,789	5,000	8,789	6,750	-2,039	92	-187,557
18	2016-02-05	3,762	5,000	8,762	6,750	-2,012	92	-185,072
19	2016-05-05	3,830	5,000	8,830	6,750	-2,080	90	-187,233
20	2016-08-05	3,721	5,000	8,721	6,750	-1,971	92	-181,363

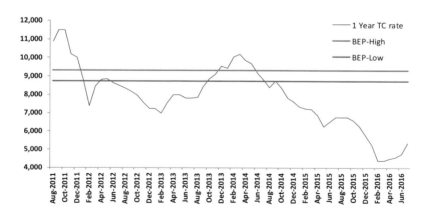

첫해에는 대선 수익이 발생하였으나, 나머지 4개년 동안 용선료 수준
이 너무 낮아 지속해서 대선 손실이 발생했다.

총 수익률

TC 순수익 합계	S&P 수익	수익 합계	초기투자금	총 수익률
-1,032,582	520,000	-512,582	5,600,000	-109.15%

LTV 수준이 낮아 손실 규모는 크지 않았으나, TC Rate가 매우 낮은 시
장에서는 손실을 피할 방법이 없었다. M 회장님의 세 번째 선박투자는
손실로 끝났다.

Projection | Year 2016~2021

M 회장님은 세 번째 선박투자에서 손실을 보기는 하셨으나, 그전에 거
두신 수익에 비하면 미미한 규모라서 실패에 큰 의미를 두지 않으셨
다. 이후 M 회장님은 2016년 8월 네 번째 선박투자를 실행하셨다.

Handysize bulk carrier - 15 Years					
Ship Price	Fair Market Value	4,000,000	TC rate	5,563	13,686
Equity	40%	1,600,000	OPEX	5,000	
Total Loan	60%	2,400,000			
Senior Loan	60%	2,400,000	LDT	9,000	220
Interest Rate	360	4.13%			1,980,000
Libor 가정(5 Year IRS)		1.13%			

Margin		3.00%			
Junior Loan	0%	–			
Interest Rate	360	10.47%			
Libor		5.47%			
Margin		5.00%	20 Year Old		1,980,000

건조 후 15년 된 핸디사이즈 벌크선을 매입하셨는데 선가는 역사상 최저 수준에 머물러 있었다. 매입 금액이 USD 4M밖에 되지 않아 대출 없이도 충분히 매입할 수 있었다. 그러나 주거래 은행과의 거래를 유지하고 싶어 LTV 60%로 선박금융을 조달하셨다.

해당 투자 건을 분석해 보았다. 5년 후 Residual Value는 Scrap 수치를 적용했고, 대선료 추정은 당시의 1 Year TC Rate로 5개년을 분석했다.

CAPEX 추정 | 선순위 대출

		Senior Loan			
No	Date	Outstanding	Principal	Interest	Daily CAPEX
–	2016-08-05	2,400,000	–		
1	2016-11-05	2,379,000	21,000	25,331	504
2	2017-02-05	2,358,000	21,000	25,109	501
3	2017-05-05	2,337,000	21,000	24,076	506
4	2017-08-05	2,316,000	21,000	24,666	496
5	2017-11-05	2,295,000	21,000	24,444	494
6	2018-02-05	2,274,000	21,000	24,222	492
7	2018-05-05	2,253,000	21,000	23,218	497
8	2018-08-05	2,232,000	21,000	23,779	487
9	2018-11-05	2,211,000	21,000	23,558	484

10	2019-02-05	2,190,000	21,000	23,336	482
11	2019-05-05	2,169,000	21,000	22,361	487
12	2019-08-05	2,148,000	21,000	22,893	477
13	2019-11-05	2,127,000	21,000	22,671	475
14	2020-02-05	2,106,000	21,000	22,449	472
15	2020-05-05	2,085,000	21,000	21,744	475
16	2020-08-05	2,064,000	21,000	22,006	467
17	2020-11-05	2,043,000	21,000	21,784	465
18	2021-02-05	2,022,000	21,000	21,563	463
19	2021-05-05	2,001,000	21,000	20,645	468
20	2021-08-05	1,980,000	21,000	21,119	458

선가도 낮고 대출 금액도 적어 Daily CAPEX는 미미한 수준일 것이리라 예상했다.

Profit / Loss 추정

No	Date	CAPEX	OPEX	C+O	TC rate	Daily Net Profit	Days	Net Profit
-	2016-08-05							
1	2016-11-05	504	5,000	5,504	5,563	59	92	5,465
2	2017-02-05	501	5,000	5,501	5,563	62	92	5,687
3	2017-05-05	506	5,000	5,506	5,563	57	89	5,031
4	2017-08-05	496	5,000	5,496	5,563	67	92	6,130
5	2017-11-05	494	5,000	5,494	5,563	69	92	6,352
6	2018-02-05	492	5,000	5,492	5,563	71	92	6,574
7	2018-05-05	497	5,000	5,497	5,563	66	89	5,889
8	2018-08-05	487	5,000	5,487	5,563	76	92	7,017
9	2018-11-05	484	5,000	5,484	5,563	79	92	7,238
10	2019-02-05	482	5,000	5,482	5,563	81	92	7,460

11	2019-05-05	487	5,000	5,487	5,563	76	89	6,746
12	2019-08-05	477	5,000	5,477	5,563	86	92	7,903
13	2019-11-05	475	5,000	5,475	5,563	88	92	8,125
14	2020-02-05	472	5,000	5,472	5,563	91	92	8,347
15	2020-05-05	475	5,000	5,475	5,563	88	90	7,926
16	2020-08-05	467	5,000	5,467	5,563	96	92	8,790
17	2020-11-05	465	5,000	5,465	5,563	98	92	9,012
18	2021-02-05	463	5,000	5,463	5,563	100	92	9,233
19	2021-05-05	468	5,000	5,468	5,563	95	89	8,462
20	2021-08-05	458	5,000	5,458	5,563	105	92	9,677

매입 선가 및 대출 비율이 낮아서 보수적으로 용선료 수치를 적용해도 대선 수익이 창출되는 결과가 나왔다.

총 수익률 추정

TC 순수익 합계 추정	S&P 수익	수익 합계 추정	초기 투자금	총 수익률 추정
147,064	–	147,064	1,600,000	−91%

낮은 용선료 수치와 Scrap Value로 Residual Value를 가정한 결과, 해당 투자 건은 초기 투자금을 회수하지 못할 것으로 분석되었다.

Historical Data | Year 2016~2021

Handysize bulk carrier – 15 Years		
Ship Price	Fair Market Value	4,000,000

Equity	40%	1,600,000	Year 1 TC rate	5,563	
Total Loan	60%	2,400,000	Year 2 TC rate	8,000	
Senior Loan	60%	2,400,000	Year 3 TC rate	10,500	
Interest Rate	360	Table	Year 4 TC rate	9,100	
Libor	Table		Year 5 TC rate	8,516	
Margin	3.00%				
Junior Loan	0%	–	10 Year Old	7,000,000	2021-08-05
Interest Rate	360	Table	OPEX	5,000	
Libor	Table		LDT	9,000	220
Margin	0.00%				1,980,000

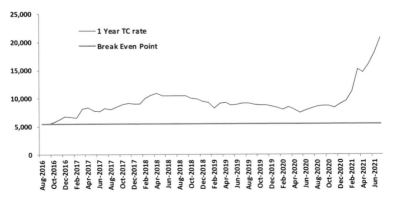

2021년 8월 투자 결과를 분석해 보니 M 회장님의 네 번째 선박투자도 성공적이었다. 2021년 해당 선박의 중고 선가는 Scrap Value보다 훨씬 높은 수준인 USD 7M이었고, 용선료 수준도 제법 높은 수치를 유지해 주었다.

CAPEX

| No | Date | Senior Loan | | | |
		Outstanding	Principal	Interest	Daily CAPEX
–	2016-08-05	2,400,000	–		
1	2016-11-05	2,379,000	21,000	23,169	480
2	2017-02-05	2,358,000	21,000	23,595	485
3	2017-05-05	2,337,000	21,000	23,516	500
4	2017-08-05	2,316,000	21,000	24,912	499
5	2017-11-05	2,295,000	21,000	25,519	506
6	2018-02-05	2,274,000	21,000	25,759	508
7	2018-05-05	2,253,000	21,000	26,923	538
8	2018-08-05	2,232,000	21,000	30,879	564
9	2018-11-05	2,211,000	21,000	30,476	560
10	2019-02-05	2,190,000	21,000	31,599	572
11	2019-05-05	2,169,000	21,000	31,037	585
12	2019-08-05	2,148,000	21,000	30,818	563
13	2019-11-05	2,127,000	21,000	28,760	541
14	2020-02-05	2,106,000	21,000	26,583	517
15	2020-05-05	2,085,000	21,000	24,961	511
16	2020-08-05	2,064,000	21,000	18,867	433
17	2020-11-05	2,043,000	21,000	17,137	415
18	2021-02-05	2,022,000	21,000	16,836	411
19	2021-05-05	2,001,000	21,000	15,972	415
20	2021-08-05	1,980,000	21,000	16,243	405

낮은 선가와 LTV 수치로 인해 Daily CAPEX가 USD 400~500대를 유지하였다.

Profit / Loss

No	Date	CAPEX	OPEX	C+O	TC rate	Daily Net Profit	Days	Net Profit
-	2016-08-05							
1	2016-11-05	480	5,000	5,480	5,563	83	92	7,627
2	2017-02-05	485	5,000	5,485	5,563	78	92	7,201
3	2017-05-05	500	5,000	5,500	5,563	63	89	5,591
4	2017-08-05	499	5,000	5,499	5,563	64	92	5,884
5	2017-11-05	506	5,000	5,506	8,000	2,494	92	229,481
6	2018-02-05	508	5,000	5,508	8,000	2,492	92	229,241
7	2018-05-05	538	5,000	5,538	8,000	2,462	89	219,077
8	2018-08-05	564	5,000	5,564	8,000	2,436	92	224,121
9	2018-11-05	560	5,000	5,560	10,500	4,940	92	454,524
10	2019-02-05	572	5,000	5,572	10,500	4,928	92	453,401
11	2019-05-05	585	5,000	5,585	10,500	4,915	89	437,463
12	2019-08-05	563	5,000	5,563	10,500	4,937	92	454,182
13	2019-11-05	541	5,000	5,541	9,100	3,559	92	327,440
14	2020-02-05	517	5,000	5,517	9,100	3,583	92	329,617
15	2020-05-05	511	5,000	5,511	9,100	3,589	90	323,039
16	2020-08-05	433	5,000	5,433	9,100	3,667	92	337,333
17	2020-11-05	415	5,000	5,415	8,516	3,101	92	285,335
18	2021-02-05	411	5,000	5,411	8,516	3,105	92	285,636
19	2021-05-05	415	5,000	5,415	8,516	3,101	89	275,952
20	2021-08-05	405	5,000	5,405	8,516	3,111	92	286,229

2016년에 매입한 선박의 선가가 낮았고, LTV 60%로 자금을 조달했던

덕에 그다지 호황이 아닌 해운 시황에서도 해당 선박은 충분한 대선 수익을 발생시켰다.

총 수익률

TC 순수익 합계	S&P 수익	수익 합계	초기 투자금	총 수익률
5,178,371	5,020,000	10,198,371	1,600,000	537%

M 회장님의 네 번째 선박투자도 매우 성공적이었다. 이번 선박투자에서는 대선 수익과 선박 매각 차익으로 약 USD 10M(약 117억 원, KRW 1,145)의 수익을 올리셨다.

4. Handysize Bulk Carrier(15년산, 90%) 투자

Projection | Year 2001~2006

C 도선사님은 해양대학교를 졸업하셨고 첫 승선을 핸디사이즈 벌크선에서 하셨다. 오대양 육대주를 오가며 곡물, 철강 제품, 원목 등을 운반하셨다. 오랜 기간 상선 선장으로 승선해 오셨던 분이신데, 항상 선주에 대한 갈망을 갖고 계셨다.

도선사님은 항해사 시절부터 모은 돈으로 토지와 아파트 그리고 상가들을 매매하셨고, 선박투자를 앞둔 당시 그 자산들의 가치는 많이 상승한 상태였다. C 도선사님은 더 늙기 전에 본인의 꿈을 실행하시기로 하셨고, 2001년 상반기에 알 선생에게 연락을 주셨다.

Handysize bulk carrier – 15 Years					
Ship Price	Fair Market Value	5,250,000	TC rate	7,270	
Equity	10%	525,000	OPEX	5,000	
Total Loan	90%	4,725,000			
Senior Loan	60%	3,150,000	LDT	9,000	220
Interest Rate	360	8.47%			1,980,000
Libor 가정(5 Year IRS)		5.47%			
Margin		3.00%			
Junior Loan	30%	1,575,000			
Interest Rate	360	10.47%			
Libor		5.47%			
Margin		5.00%	20 Year Old	1,980,000	

알 선생이 약속 장소에 나가보니 C 도선사님의 주거래 은행인 S 은행과 새마을금고 직원들 그리고 선박 브로킹을 하시는 도선사님의 해양대 후배가 함께 자리에 나와 있었다. 선박투자는 일사천리로 진행되었다. C 도선사님은 건조 후 15년 된 일본산 핸디사이즈 벌크선을 매매하셨다.

도선사님은 당장 자산을 처분하기 어려우니 일단 선가의 10%만 자본으로 투입하고 자산이 처분되는 대로 선박투자에서 발생하는 마이너스 현금 흐름을 상쇄하시겠다고 말씀하셨다. 그래서 도선사님은 LTV 90% 대출로 선박을 매매하셨다.

CAPEX | 선순위 대출

		Senior Loan			
No	Date	Outstanding	Principal	Interest	Daily CAPEX
–	2001–08–05	3,150,000	–		
1	2001–11–05	3,010,000	140,000	68,184	2,263
2	2002–02–05	2,870,000	140,000	65,153	2,230
3	2002–05–05	2,730,000	140,000	60,097	2,248
4	2002–08–05	2,590,000	140,000	59,092	2,164
5	2002–11–05	2,450,000	140,000	56,062	2,131
6	2003–02–05	2,310,000	140,000	53,032	2,098
7	2003–05–05	2,170,000	140,000	48,371	2,117
8	2003–08–05	2,030,000	140,000	46,971	2,032
9	2003–11–05	1,890,000	140,000	43,940	1,999
10	2004–02–05	1,750,000	140,000	40,910	1,966
11	2004–05–05	1,610,000	140,000	37,056	1,967
12	2004–08–05	1,470,000	140,000	34,849	1,901
13	2004–11–05	1,330,000	140,000	31,819	1,868
14	2005–02–05	1,190,000	140,000	28,789	1,835
15	2005–05–05	1,050,000	140,000	24,918	1,853
16	2005–08–05	910,000	140,000	22,728	1,769
17	2005–11–05	770,000	140,000	19,697	1,736
18	2006–02–05	630,000	140,000	16,667	1,703
19	2006–05–05	490,000	140,000	13,192	1,721
20	2006–08–05	350,000	140,000	10,606	1,637

선순위 대출의 경우 S 은행에서 3개월물 LIBOR에 300bps를 얹은 조건으로 대출을 약속했다.

CAPEX | 후순위 대출

		Junior Portion			
No	Date	Outstanding	Principal	Interest	Daily CAPEX
–	2001–08–05	1,575,000	–		
1	2001–11–05	1,575,000	–	42,142	458
2	2002–02–05	1,575,000	–	42,142	458
3	2002–05–05	1,575,000	–	40,768	458
4	2002–08–05	1,575,000	–	42,142	458
5	2002–11–05	1,575,000	–	42,142	458
6	2003–02–05	1,575,000	–	42,142	458
7	2003–05–05	1,575,000	–	40,768	458
8	2003–08–05	1,575,000	–	42,142	458
9	2003–11–05	1,575,000	–	42,142	458
10	2004–02–05	1,575,000	–	42,142	458
11	2004–05–05	1,575,000	–	41,226	458
12	2004–08–05	1,575,000	–	42,142	458
13	2004–11–05	1,575,000	–	42,142	458
14	2005–02–05	1,575,000	–	42,142	458
15	2005–05–05	1,575,000	–	40,768	458
16	2005–08–05	1,575,000	–	42,142	458
17	2005–11–05	1,575,000	–	42,142	458
18	2006–02–05	1,575,000	–	42,142	458
19	2006–05–05	1,575,000	–	40,768	458
20	2006–08–05	1,575,000	–	42,142	458

후순위 대출의 경우 새마을금고에서 3개월물 LIBOR에 500bps를 얹은 조건으로 대출 계약을 약정했다.

Profit / Loss 추정

과거 10년 평균 1 Year TC Rate로 현금 흐름을 추정해 보니 선박을 매입한 후 4년 차까지는 마이너스 현금 흐름이 예상되었고, 5년 차에는 수익이 창출되는 현금 흐름을 보여 주었다.

No	Date	CAPEX	OPEX	C+O	TC rate	Daily Net Profit	Days	Net Profit
–	2001-08-05							
1	2001-11-05	2,721	5,000	7,721	7,270	-451	92	-41,485
2	2002-02-05	2,688	5,000	7,688	7,270	-418	92	-38,455
3	2002-05-05	2,706	5,000	7,706	7,270	-436	89	-38,835
4	2002-08-05	2,622	5,000	7,622	7,270	-352	92	-32,394
5	2002-11-05	2,589	5,000	7,589	7,270	-319	92	-29,364
6	2003-02-05	2,556	5,000	7,556	7,270	-286	92	-26,333
7	2003-05-05	2,575	5,000	7,575	7,270	-305	89	-27,108
8	2003-08-05	2,490	5,000	7,490	7,270	-220	92	-20,273
9	2003-11-05	2,457	5,000	7,457	7,270	-187	92	-17,242
10	2004-02-05	2,424	5,000	7,424	7,270	-154	92	-14,212
11	2004-05-05	2,425	5,000	7,425	7,270	-155	90	-13,982
12	2004-08-05	2,359	5,000	7,359	7,270	-89	92	-8,151
13	2004-11-05	2,326	5,000	7,326	7,270	-56	92	-5,121
14	2005-02-05	2,293	5,000	7,293	7,270	-23	92	-2,090
15	2005-05-05	2,311	5,000	7,311	7,270	-41	89	-3,656
16	2005-08-05	2,227	5,000	7,227	7,270	43	92	3,970
17	2005-11-05	2,194	5,000	7,194	7,270	76	92	7,001
18	2006-02-05	2,161	5,000	7,161	7,270	109	92	10,031
19	2006-05-05	2,179	5,000	7,179	7,270	91	89	8,070
20	2006-08-05	2,095	5,000	7,095	7,270	175	92	16,092

총 수익률 추정

TC 순수익 합계 추정	S&P 수익	수익 합계 추정	초기 투자금	총 수익률 추정
-273,536	55,000	-218,536	525,000	-142%

　　LTV 90%의 대출 조건으로 선박금융을 조달하는 해당 프로젝트의 손실 추정치는 약 USD 0.2M로 예상되었다. 하지만 그런 마이너스 수치 따위가 선주가 되려는 C 도선사님의 열망을 좌절시킬 수는 없었다. C 도선사님은 선박 매입을 감행하셨고, 2001년 8월 5일에 그렇게도 꿈꾸시던 선주가 되셨다.

Historical Data ｜ Year 2001~2006

　　예상대로 건조된 지 15년 된 핸디사이즈 벌크선 구매 후 2년간은 지속해서 손실이 발생했다. LTV 90% 대출은 역시나 높은 CAPEX를 발생하여 손실을 유발했다. 이에 C 도선사님은 가지고 계신 다른 자산을 처분하여 분기마다 수천만 원씩 추가 비용을 지출하셨지만, 선주가 되었다는 사실에 매우 행복해하셨다.

Handysize bulk carrier - 15 Years				
Ship Price	Fair Market Value	5,250,000		
Equity	10%	525,000	Year 1 TC rate	6,760
Total Loan	90%	4,725,000	Year 2 TC rate	6,750
Senior Loan	60%	3,150,000	Year 3 TC rate	8,240
Interest Rate	360	Table	Year 4 TC rate	16,063
Libor	Table		Year 5 TC rate	13,000

Margin	3.00%				
Junior Loan	30%	1,575,000	20 Year Old	10,500,000	2006-08-05
Interest Rate	360	Table	OPEX	5,000	
Libor	Table		LDT	9,000	220
Margin	5%				1,980,000

하지만 반전이 있었다. 중국 경제의 성장으로 갑자기 TC Rate와 벌크
선 중고 선가가 폭등했다.

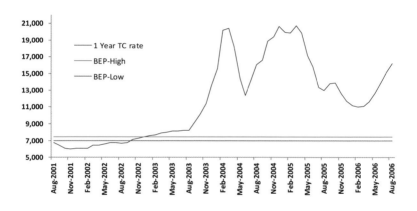

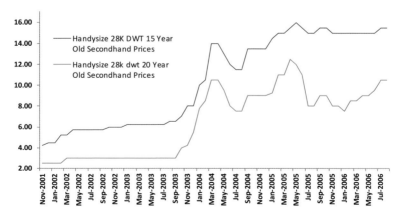

CAPEX | 선순위 대출

No	Date	Senior Loan Outstanding	Principal	Interest	Daily CAPEX
–	2001-08-05	3,150,000	–		
1	2001-11-05	3,010,000	140,000	53,583	2,104
2	2002-02-05	2,870,000	140,000	40,000	1,957
3	2002-05-05	2,730,000	140,000	34,909	1,965
4	2002-08-05	2,590,000	140,000	34,325	1,895
5	2002-11-05	2,450,000	140,000	31,771	1,867
6	2003-02-05	2,310,000	140,000	29,169	1,839
7	2003-05-05	2,170,000	140,000	24,842	1,852
8	2003-08-05	2,030,000	140,000	23,790	1,780
9	2003-11-05	1,890,000	140,000	21,484	1,755
10	2004-02-05	1,750,000	140,000	20,141	1,741
11	2004-05-05	1,610,000	140,000	18,069	1,756
12	2004-08-05	1,470,000	140,000	17,198	1,709
13	2004-11-05	1,330,000	140,000	17,656	1,714
14	2005-02-05	1,190,000	140,000	17,674	1,714
15	2005-05-05	1,050,000	140,000	16,975	1,764
16	2005-08-05	910,000	140,000	16,689	1,703
17	2005-11-05	770,000	140,000	15,658	1,692
18	2006-02-05	630,000	140,000	14,346	1,678
19	2006-05-05	490,000	140,000	12,008	1,708
20	2006-08-05	350,000	140,000	10,206	1,633

원금이 상환되는 선순위 대출 관련 Daily CAPEX 수준은 USD 2,100~1,600으로 나타났다.

CAPEX | 후순위 대출

		Junior Portion			
No	Date	Outstanding	Principal	Interest	Daily CAPEX
–	2001-08-05	1,575,000	–		
1	2001-11-05	1,575,000	–	34,841	379
2	2002-02-05	1,575,000	–	28,980	315
3	2002-05-05	1,575,000	–	26,945	303
4	2002-08-05	1,575,000	–	27,853	303
5	2002-11-05	1,575,000	–	27,370	298
6	2003-02-05	1,575,000	–	26,801	291
7	2003-05-05	1,575,000	–	24,725	278
8	2003-08-05	1,575,000	–	25,317	275
9	2003-11-05	1,575,000	–	24,719	269
10	2004-02-05	1,575,000	–	24,834	270
11	2004-05-05	1,575,000	–	24,137	268
12	2004-08-05	1,575,000	–	24,875	270
13	2004-11-05	1,575,000	–	26,968	293
14	2005-02-05	1,575,000	–	28,980	315
15	2005-05-05	1,575,000	–	30,254	340
16	2005-08-05	1,575,000	–	33,083	360
17	2005-11-05	1,575,000	–	35,151	382
18	2006-02-05	1,575,000	–	37,395	406
19	2006-05-05	1,575,000	–	37,808	425
20	2006-08-05	1,575,000	–	40,854	444

이자만 지급하는 후순위 대출의 Daily CAPEX는 USD 440~270으로 나타났다.

Profit / Loss 분석

No	Date	CAPEX	OPEX	C+O	TC rate	Daily Net Profit	Days	Net Profit
–	2001-08-05							
1	2001-11-05	2,483	5,000	7,483	6,760	-723	92	-66,504
2	2002-02-05	2,272	5,000	7,272	6,760	-512	92	-47,060
3	2002-05-05	2,268	5,000	7,268	6,760	-508	89	-45,214
4	2002-08-05	2,198	5,000	7,198	6,760	-438	92	-40,258
5	2002-11-05	2,165	5,000	7,165	6,750	-415	92	-38,141
6	2003-02-05	2,130	5,000	7,130	6,750	-380	92	-34,970
7	2003-05-05	2,130	5,000	7,130	6,750	-380	89	-33,817
8	2003-08-05	2,056	5,000	7,056	6,750	-306	92	-28,108
9	2003-11-05	2,024	5,000	7,024	8,240	1,216	92	111,878
10	2004-02-05	2,011	5,000	7,011	8,240	1,229	92	113,105
11	2004-05-05	2,025	5,000	7,025	8,240	1,215	90	109,394
12	2004-08-05	1,979	5,000	6,979	8,240	1,261	92	116,007
13	2004-11-05	2,007	5,000	7,007	16,063	9,056	92	833,172
14	2005-02-05	2,029	5,000	7,029	16,063	9,034	92	831,142
15	2005-05-05	2,104	5,000	7,104	16,063	8,959	89	797,378
16	2005-08-05	2,063	5,000	7,063	16,063	9,000	92	828,024
17	2005-11-05	2,074	5,000	7,074	13,000	5,926	92	545,191
18	2006-02-05	2,084	5,000	7,084	13,000	5,916	92	544,259
19	2006-05-05	2,133	5,000	7,133	13,000	5,867	89	522,183
20	2006-08-05	2,077	5,000	7,077	13,000	5,923	92	544,941

선박 인도 후 초기 2년간은 대선료가 낮아 손실을 보았으나, 3년 차부터는 대선료가 상승해 막대한 대선 수익을 올렸다.

총 수익률

TC 순수익 합계	S&P 수익	수익 합계	초기 투자금	총 수익률
5,562,602	8,575,000	14,137,602	525,000	2593%

C 도선사님은 용선료 수익으로 약 5.5M을 얻으셨고, S&P 수익으로 약 8.6M의 수익을 올렸다. 결과적으로 C 도선사님은 15년 된 중고 벌크선을 매입하는 데 USD 0.525M(약 6억 7천만 원, KRW 1,283)을 투자해 5년간 순수익 약 USD 14.1M(약 136억 원, KRW 965)을 획득했다. 투자 총 수익률은 2,593%이었다.

Projection	Year 2006~2011

C 도선사님께서는 선박투자로 얻으신 수익 USD 14.1M을 갖고 다시 15년 된 핸디사이즈 벌크선 한 척을 매입하기로 하셨다. 이번에도 선가의 10%만 자본으로 투자하시고, 나머지 달러는 주거래 은행과 새마을금고에 예금을 넣으셨고, 선순위와 후순위 대출을 위해 해당 계좌로 저당을 잡히셨다. 주거래 은행과 새마을금고에서는 각각 L+300bps와 L+500bps 조건으로 선박금융을 지원하기로 했다.

Handysize bulk carrier – 15 Years					
Ship Price	Fair Market Value	15,500,000	TC rate	16,225	9,202
Equity	10%	1,550,000	OPEX	5,000	
Total Loan	90%	13,950,000			

Senior Loan	60%	9,300,000	LDT	9,000	220
Interest Rate	360	8.43%			1,980,000
Libor 가정(5 Year IRS)		5.43%			
Margin		3.00%			
Junior Loan	30%	4,650,000			
Interest Rate	360	10.43%			
Libor		5.43%			
Margin		5.00%	20 Year Old	1,980,000	

C 도선사님께서 해당 투자 선박의 미래 현금 흐름을 예측해 달라고 하셔서 추정 현금 흐름을 분석해 보았다. 2006년 8월 현재의 1 Year TC 용선료를 첫해 용선료 추정치로 사용했고, 과거 10년간의 평균 1 Year TC Rate를 산출해 나머지 기간의 용선료를 가정하는 데 사용하였다. 이자를 계산하기 위한 LIBOR 가정 값은 IRS 5년물 수치 5.43%를 적용했다. Residual Value는 보수적으로 산출했다. Scrap Value로 산정했는데, LDT당 220불 기준으로 9천 톤을 계산하여 Scrap 가격을 추정했다.

CAPEX 추정 | 선순위 대출

		Senior Loan			
No	Date	Outstanding	Principal	Interest	Daily CAPEX
–	2006–08–05	9,300,000	–		
1	2006–11–05	8,701,500	598,500	200,353	8,683
2	2007–02–05	8,103,000	598,500	187,459	8,543
3	2007–05–05	7,504,500	598,500	168,873	8,622
4	2007–08–05	6,906,000	598,500	161,672	8,263
5	2007–11–05	6,307,500	598,500	148,778	8,123
6	2008–02–05	5,709,000	598,500	135,885	7,982

5	2007-11-05	9,470	5,000	14,470	9,202	−5,268	92	−484,637
6	2008-02-05	9,330	5,000	14,330	9,202	−5,128	92	−471,744
7	2008-05-05	9,334	5,000	14,334	9,202	−5,132	90	−461,886
8	2008-08-05	9,049	5,000	14,049	9,202	−4,847	92	−445,956
9	2008-11-05	8,909	5,000	13,909	9,202	−4,707	92	−433,063
10	2009-02-05	8,769	5,000	13,769	9,202	−4,567	92	−420,169
11	2009-05-05	8,848	5,000	13,848	9,202	−4,646	89	−413,511
12	2009-08-05	8,489	5,000	13,489	9,202	−4,287	92	−394,382
13	2009-11-05	8,349	5,000	13,349	9,202	−4,147	92	−381,488
14	2010-02-05	8,208	5,000	13,208	9,202	−4,006	92	−368,594
15	2010-05-05	8,288	5,000	13,288	9,202	−4,086	89	−363,618
16	2010-08-05	7,928	5,000	12,928	9,202	−3,726	92	−342,807
17	2010-11-05	7,773	5,000	12,773	9,202	−3,571	92	−328,503
18	2011-02-05	7,599	5,000	12,599	9,202	−3,397	92	−312,550
19	2011-05-05	7,645	5,000	12,645	9,202	−3,443	89	−306,442
20	2011-08-05	7,252	5,000	12,252	9,202	−3,050	92	−280,644

총 수익률 추정

TC 순수익 합계 추정	S&P 수익	수익 합계 추정	초기 투자금	총 수익률 추정
−5,716,957	−	−5,716,957	1,550,000	−469%

총 수익률 또한 마이너스 수치가 예상되었다. 그렇지만 C 도선사님은 앞선 선박투자에서 USD 14.1M의 순수익을 거두었기에 손실액 추정치를 크게 염려하지 않으셨다.

Historical Data | Year 2006~2011

Handysize bulk carrier – 15 Years					
Ship Price	Fair Market Value	15,500,000			
Equity	10%	1,550,000	Year 1 TC rate	16,225	
Total Loan	90%	13,950,000	Year 2 TC rate	29,700	
Senior Loan	60%	9,300,000	Year 3 TC rate	34,950	
Interest Rate	360	Table	Year 4 TC rate	11,188	
Libor	Table		Year 5 TC rate	15,063	
Margin	3.00%				
Junior Loan	30%	4,650,000	20 Year Old	10,000,000	2011-08-05
Interest Rate	360	Table	OPEX	5,000	
Libor	Table		LDT	9,000	220
Margin	5.00%				1,980,000

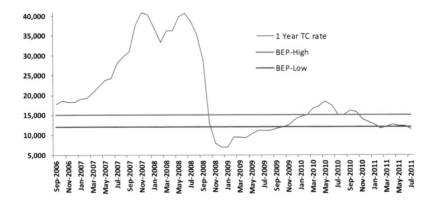

실제 데이터를 추적해 보니 C 도선사님의 두 번째 선박투자와 관련된 모든 수치는 양호했다. 특히 투자 후 초기 3년간의 수치는 환상적이었다. 계속되는 China Effect로 용선료 수준은 매우 높았고, 중고 선가도 급등

했다. 다만 아쉬운 점은 2008년 상반기에 해당 선박을 처분하지 않으신 점이었다. 2008년 하반기에 리먼 사태의 영향으로 벌크선 중고 선가 및 용선료가 폭락했기 때문이다.

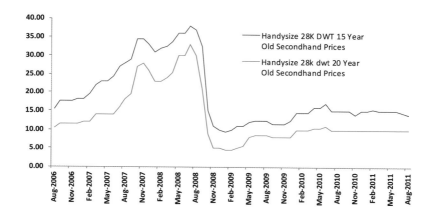

CAPEX | 선순위 대출

		Senior Loan			
No	Date	Outstanding	Principal	Interest	Daily CAPEX
–	2006-08-05	9,300,000	–		
1	2006-11-05	8,701,500	598,500	201,541	8,696
2	2007-02-05	8,103,000	598,500	186,125	8,529
3	2007-05-05	7,504,500	598,500	167,471	8,606
4	2007-08-05	6,906,000	598,500	160,246	8,247
5	2007-11-05	6,307,500	598,500	147,543	8,109
6	2008-02-05	5,709,000	598,500	126,777	7,883
7	2008-05-05	5,110,500	598,500	86,991	7,617
8	2008-08-05	4,512,000	598,500	75,357	7,325
9	2008-11-05	3,913,500	598,500	66,813	7,232

No	Date	Outstanding	Principal	Interest	Daily CAPEX
10	2009-02-05	3,315,000	598,500	58,594	7,142
11	2009-05-05	2,716,500	598,500	34,697	7,115
12	2009-08-05	2,118,000	598,500	27,816	6,808
13	2009-11-05	1,519,500	598,500	18,792	6,710
14	2010-02-05	921,000	598,500	12,730	6,644
15	2010-05-05	322,500	598,500	7,398	6,808
16	2010-08-05	–	322,500	2,758	3,535
17	2010-11-05	–	–	–	–
18	2011-02-05	–	–	–	–
19	2011-05-05	–	–	–	–
20	2011-08-05	–	–	–	–

선순위 대출금은 4년 차에 모두 상환이 되는 금융 구조였고, 선순위 대출금에 해당하는 Daily CAPEX는 8,700불에서 6,000불대까지 떨어졌다.

CAPEX | 후순위 대출

No	Date	Outstanding	Principal	Interest	Daily CAPEX
		Junior Portion			
–	2006-08-05	4,650,000	–		
1	2006-11-05	4,650,000	–	124,537	1,354
2	2007-02-05	4,650,000	–	123,230	1,339
3	2007-05-05	4,650,000	–	119,097	1,338
4	2007-08-05	4,650,000	–	123,059	1,338
5	2007-11-05	4,650,000	–	123,111	1,338
6	2008-02-05	4,650,000	–	117,229	1,274
7	2008-05-05	4,650,000	–	94,104	1,046
8	2008-08-05	4,650,000	–	92,334	1,004
9	2008-11-05	4,650,000	–	92,623	1,007
10	2009-02-05	4,650,000	–	93,388	1,015

11	2009-05-05	4,650,000	-	71,662	805
12	2009-08-05	4,650,000	-	71,382	776
13	2009-11-05	4,650,000	-	65,024	707
14	2010-02-05	4,650,000	-	62,722	682
15	2010-05-05	4,650,000	-	60,342	678
16	2010-08-05	4,374,000	276,000	63,535	3,691
17	2010-11-05	3,775,500	598,500	60,749	7,166
18	2011-02-05	3,177,000	598,500	51,001	7,060
19	2011-05-05	2,578,500	598,500	41,710	7,193
20	2011-08-05	1,980,000	598,500	34,741	6,883

원금 상환이 도래되기 전에는 LIBOR 금리 변동에 따라 후순위 대출 관련 Daily CAPEX는 1,300불대에서 600불대였다. 선순위 대출 원금이 모두 상환되는 시점에서 후순위 대출 원금이 상환되면서 Daily CAPEX 는 7,000불대의 수치를 보였다.

Profit / Loss

No	Date	CAPEX	OPEX	C+O	TC rate	Daily Net Profit	Days	Net Profit
-	2006-08-05							
1	2006-11-05	10,050	5,000	15,050	16,225	1,175	92	108,121
2	2007-02-05	9,868	5,000	14,868	16,225	1,357	92	124,845
3	2007-05-05	9,945	5,000	14,945	16,225	1,280	89	113,957
4	2007-08-05	9,585	5,000	14,585	16,225	1,640	92	150,895
5	2007-11-05	9,447	5,000	14,447	29,700	15,253	92	1,403,246
6	2008-02-05	9,158	5,000	14,158	29,700	15,542	92	1,429,894
7	2008-05-05	8,662	5,000	13,662	29,700	16,038	90	1,443,405
8	2008-08-05	8,328	5,000	13,328	29,700	16,372	92	1,506,209

9	2008-11-05	8,238	5,000	13,238	34,950	21,712	92 1,997,464
10	2009-02-05	8,157	5,000	13,157	34,950	21,793	92 2,004,918
11	2009-05-05	7,920	5,000	12,920	34,950	22,030	89 1,960,691
12	2009-08-05	7,584	5,000	12,584	34,950	22,366	92 2,057,702
13	2009-11-05	7,416	5,000	12,416	11,188	−1,228	92 −113,020
14	2010-02-05	7,326	5,000	12,326	11,188	−1,138	92 −104,655
15	2010-05-05	7,486	5,000	12,486	11,188	−1,298	89 −115,508
16	2010-08-05	7,226	5,000	12,226	11,188	−1,038	92 −95,497
17	2010-11-05	7,166	5,000	12,166	15,063	2,897	92 266,547
18	2011-02-05	7,060	5,000	12,060	15,063	3,003	92 276,295
19	2011-05-05	7,193	5,000	12,193	15,063	2,870	89 255,397
20	2011-08-05	6,883	5,000	11,883	15,063	3,180	92 292,555

해당 프로젝트는 LTV 90%라는 레버리지 극대화 투자였는데도 용선료 수준이 높았기에 대선 수익이 발생했다. 4년 차에만 용선료 수준이 낮아져 손실이 발생하였지만, 그 수치는 미미한 수준이었다.

총 수익률

TC 순수익 합계	S&P 수익	수익 합계	초기 투자금	총 수익률
14,963,458	8,020,000	22,983,458	1,550,000	1383%

C 도선사님의 선박투자에는 계속해서 운이 따랐다. 2001년도에 실행하셨던 선박투자로 14.1M의 순수익을 얻으셨는데, 2006년에 실행한 선박투자로도 22.9M(약 245억 원, KRW 1,072)의 순수익을 얻으셨다. 두 번의 선박투자로 C 도선사님은 총 USD 37M(약 381억 원)가량의 투자수익을 올리셨다.

2011년 초, C 도선사님께서 해운대에 자리한 스타벅스 커피숍으로 알 선생을 불렀다. 그 자리에는 해양대 항해과를 졸업하고 벌크선 일등항해 사로 근무 중인 C 도선사님의 아들 C1도 함께 있었다. C1은 알 선생에게 깍듯이 인사를 했다. C 도선사님은 아들이 제대로 된 중견 선사Tonnage Provider를 설립해 운영해 나가기를 원하셨다.

C1은 그의 아버지처럼 15년 된 핸디사이즈 벌크선을 USD 14M에 매입 하기로 했다. 금융 또한 60%는 아버지의 주거래 은행에서 나머지 30% 는 새마을금고에서 차입했다. 물론 C 도선사님께서 금융 기관에 지급보 증을 약속하셨다. C 도선사님께서는 추정 현금 흐름 계산법을 아들에게 가르쳐 달라고 알 선생에게 요청했고, 알 선생은 후배인 C1에게 Cash-flow Forecasting 방법을 설명해 주었다.

Handysize bulk carrier – 15 Years					
Ship Price	Fair Market Value	14,000,000	TC rate	10,875	15,740
Equity	10%	1,400,000	OPEX	5,000	
Total Loan	90%	12,600,000			
Senior Loan	60%	8,400,000	LDT	9,000	220
Interest Rate	360	4.51%			1,980,000
Libor 가정(5 Year IRS)		1.51%			
Margin		3.00%			
Junior Loan	30%	4,200,000			
Interest Rate	360	10.47%			
Libor		5.47%			
Margin		5.00%	20 Year Old	1,980,000	

해당 선박의 5년 뒤 Residual Value 추정은 20살이 된 벌크선 중고 선가로 잔존가치를 추정해야 했다. 하지만 하락장에서는 20년 된 중고 선가와 Scrap Value 사이에 큰 차이가 없기에 Scrap value로 Residual Value를 추정했다.

용선료 추정과 관련하여 초기 1년은 현시점의 실제 용선료 수치를 적용했고, 그 후 4개년은 과거 10년 치 1 Year TC Rate 평균 수치를 적용해 현금 흐름을 계산했다. 모든 가정치는 PM의 주관에 의해서 결정된다고 C1에게 알려 주었다.

CAPEX | 선순위 대출

		Senior Loan			
No	Date	Outstanding	Principal	Interest	Daily CAPEX
–	2011-08-05	8,400,000	–		
1	2011-11-05	7,869,000	531,000	96,815	6,824
2	2012-02-05	7,338,000	531,000	90,695	6,758
3	2012-05-05	6,807,000	531,000	82,736	6,819
4	2012-08-05	6,276,000	531,000	78,454	6,625
5	2012-11-05	5,745,000	531,000	72,334	6,558
6	2013-02-05	5,214,000	531,000	66,214	6,491
7	2013-05-05	4,683,000	531,000	58,135	6,619
8	2013-08-05	4,152,000	531,000	53,974	6,358
9	2013-11-05	3,621,000	531,000	47,854	6,292
10	2014-02-05	3,090,000	531,000	41,734	6,225
11	2014-05-05	2,559,000	531,000	34,453	6,353
12	2014-08-05	2,028,000	531,000	29,494	6,092
13	2014-11-05	1,497,000	531,000	23,374	6,026

14	2015−02−05	966,000	531,000	17,254	5,959
15	2015−05−05	435,000	531,000	10,771	6,087
16	2015−08−05	−	435,000	5,014	4,783
17	2015−11−05	−	−	−	−
18	2016−02−05	−	−	−	−
19	2016−05−05	−	−	−	−
20	2016−08−05	−	−	−	−

CAPEX | 후순위 대출

No	Date	Junior Portion Outstanding	Principal	Interest	Daily CAPEX
−	2011−08−05	4,200,000	−		
1	2011−11−05	4,200,000	−	112,378	1,222
2	2012−02−05	4,200,000	−	112,378	1,222
3	2012−05−05	4,200,000	−	109,935	1,222
4	2012−08−05	4,200,000	−	112,378	1,222
5	2012−11−05	4,200,000	−	112,378	1,222
6	2013−02−05	4,200,000	−	112,378	1,222
7	2013−05−05	4,200,000	−	108,714	1,222
8	2013−08−05	4,200,000	−	112,378	1,222
9	2013−11−05	4,200,000	−	112,378	1,222
10	2014−02−05	4,200,000	−	112,378	1,222
11	2014−05−05	4,200,000	−	108,714	1,222
12	2014−08−05	4,200,000	−	112,378	1,222
13	2014−11−05	4,200,000	−	112,378	1,222
14	2015−02−05	4,200,000	−	112,378	1,222
15	2015−05−05	4,200,000	−	108,714	1,222
16	2015−08−05	4,104,000	96,000	112,378	2,265
17	2015−11−05	3,573,000	531,000	109,809	6,965
18	2016−02−05	3,042,000	531,000	95,602	6,811

No	Date							
19	2016-05-05	2,511,000	531,000	79,624	6,785
20	2016-08-05	1,980,000	531,000	67,186	6,502

Profit / Loss 추정

초기 1년 차에는 LTV 90% 대출의 영향으로 마이너스 현금 흐름이 추정되었다. 2년 차부터는 높은 용선료 가정 때문에 플러스 현금 흐름이 추정되었으나, 문제는 용선료 추정의 적정성이었다. 과거 10년 평균 1 Year TC Rate를 프로젝트 분석에 적용하였으나, 2000년대 중후반에는 상대적으로 용선료가 높았기 때문에 평균 용선료를 끌어올리는 결과를 가져왔다. 그래서 해당 수치가 프로젝트 분석에 적절한지 의문이 들었다.

No	Date	CAPEX	OPEX	C+O	TC rate	Daily Net Profit	Days	Net Profit
–	2011-08-05							
1	2011-11-05	8,046	5,000	13,046	10,875	−2,171	92	−199,693
2	2012-02-05	7,979	5,000	12,979	10,875	−2,104	92	−193,573
3	2012-05-05	8,041	5,000	13,041	10,875	−2,166	90	−194,921
4	2012-08-05	7,846	5,000	12,846	10,875	−1,971	92	−181,332
5	2012-11-05	7,779	5,000	12,779	15,740	2,961	92	272,368
6	2013-02-05	7,713	5,000	12,713	15,740	3,027	92	278,488
7	2013-05-05	7,841	5,000	12,841	15,740	2,899	89	258,012
8	2013-08-05	7,580	5,000	12,580	15,740	3,160	92	290,728
9	2013-11-05	7,513	5,000	12,513	15,740	3,227	92	296,848
10	2014-02-05	7,447	5,000	12,447	15,740	3,293	92	302,968
11	2014-05-05	7,575	5,000	12,575	15,740	3,165	89	281,694
12	2014-08-05	7,314	5,000	12,314	15,740	3,426	92	315,208
13	2014-11-05	7,247	5,000	12,247	15,740	3,493	92	321,328
14	2015-02-05	7,181	5,000	12,181	15,740	3,559	92	327,448

15	2015-05-05	7,309	5,000	12,309	15,740	3,431	89	305,376
16	2015-08-05	7,048	5,000	12,048	15,740	3,692	92	339,688
17	2015-11-05	6,965	5,000	11,965	15,740	3,775	92	347,271
18	2016-02-05	6,811	5,000	11,811	15,740	3,929	92	361,478
19	2016-05-05	6,785	5,000	11,785	15,740	3,955	90	355,976
20	2016-08-05	6,502	5,000	11,502	15,740	4,238	92	389,894

총 수익률 추정

TC 순수익 합계 추정	S&P 수익	수익 합계 추정	초기 투자금	총 수익률 추정
4,275,254	–	4,275,254	1,400,000	205%

해당 프로젝트를 분석해 본 결과 대선에 따른 총 수익은 약 USD 4.2M
으로 추정되었으며, 총 수익률은 205%로 예상되었다.

Historical Data | Year 2011~2016

C1 일등항해사의 첫 선박투자는 실패로 끝났다. 투자 이후 해운 시황
이 지속해서 하락했기 때문이다. BDI 지수가 2016년에 역사상 최저점인
283까지 하락했다.

Handysize bulk carrier – 15 Years				
Ship Price	Fair Market Value	14,000,000		
Equity	10%	1,400,000	Year 1 TC rate	10,875
Total Loan	90%	12,600,000	Year 2 TC rate	8,350
Senior Loan	60%	8,400,000	Year 3 TC rate	7,850

Interest Rate	360	Table	Year 4 TC rate	8,400	
Libor	Table		Year 5 TC rate	6,750	
Margin	3.00%				
Junior Loan	30%	4,200,000	20 Year Old	2,500,000	2016-08-05
Interest Rate	360	Table	OPEX	5,000	
Libor	Table		LDT	9,000	220
Margin	0.00%				1,980,000

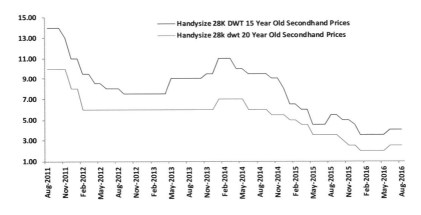

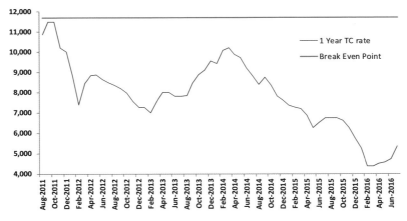

2016년 8월 USD 14M에 매입한 해당 선박은 5년 뒤 USD 2.5M에 매각해야 했다. 첫해 Daily USD 10,875 수준이었던 대선료는 계속해서 하락했고, 해당 선박에는 막대한 영업 손실이 발생했다.

CAPEX | 선순위 대출

No	Date	Senior Loan			
		Outstanding	Principal	Interest	Daily CAPEX
–	2011-08-05	8,400,000	–		
1	2011-11-05	7,869,000	531,000	70,159	6,534
2	2012-02-05	7,338,000	531,000	69,077	6,523
3	2012-05-05	6,807,000	531,000	64,703	6,619
4	2012-08-05	6,276,000	531,000	60,291	6,427
5	2012-11-05	5,745,000	531,000	55,163	6,371
6	2013-02-05	5,214,000	531,000	48,637	6,300
7	2013-05-05	4,683,000	531,000	42,480	6,444
8	2013-08-05	4,152,000	531,000	39,195	6,198
9	2013-11-05	3,621,000	531,000	34,661	6,148
10	2014-02-05	3,090,000	531,000	29,961	6,097
11	2014-05-05	2,559,000	531,000	24,717	6,244
12	2014-08-05	2,028,000	531,000	21,076	6,001
13	2014-11-05	1,497,000	531,000	16,782	5,954
14	2015-02-05	966,000	531,000	12,366	5,906
15	2015-05-05	435,000	531,000	7,774	6,054
16	2015-08-05	–	435,000	3,646	4,768
17	2015-11-05	–	–	–	–
18	2016-02-05	–	–	–	–
19	2016-05-05	–	–	–	–
20	2016-08-05	–	–	–	–

CAPEX | 후순위 대출

		Junior Portion			
No	Date	Outstanding	Principal	Interest	Daily CAPEX
–	2011–08–05	4,200,000	–		
1	2011–11–05	4,200,000	–	2,880	31
2	2012–02–05	4,200,000	–	4,669	51
3	2012–05–05	4,200,000	–	5,534	61
4	2012–08–05	4,200,000	–	5,000	54
5	2012–11–05	4,200,000	–	4,716	51
6	2013–02–05	4,200,000	–	3,357	36
7	2013–05–05	4,200,000	–	3,068	34
8	2013–08–05	4,200,000	–	2,953	32
9	2013–11–05	4,200,000	–	2,862	31
10	2014–02–05	4,200,000	–	2,552	28
11	2014–05–05	4,200,000	–	2,446	27
12	2014–08–05	4,200,000	–	2,392	26
13	2014–11–05	4,200,000	–	2,556	28
14	2015–02–05	4,200,000	–	2,494	27
15	2015–05–05	4,200,000	–	2,649	30
16	2015–08–05	4,104,000	96,000	3,003	1,076
17	2015–11–05	3,573,000	531,000	3,185	5,806
18	2016–02–05	3,042,000	531,000	3,046	5,805
19	2016–05–05	2,511,000	531,000	4,720	5,952
20	2016–08–05	1,980,000	531,000	4,061	5,816

Profit / Loss

No	Date	CAPEX	OPEX	C+O	TC rate	Daily Net Profit	Days	Net Profit
–	2011–08–05							
1	2011–11–05	6,566	5,000	11,566	10,875	–691	92	–63,539

2	2012-02-05	6,573	5,000	11,573	10,875	−698	92	−64,246
3	2012-05-05	6,680	5,000	11,680	10,875	−805	90	−72,486
4	2012-08-05	6,481	5,000	11,481	10,875	−606	92	−55,791
5	2012-11-05	6,423	5,000	11,423	8,350	−3,073	92	−282,678
6	2013-02-05	6,337	5,000	11,337	8,350	−2,987	92	−274,794
7	2013-05-05	6,478	5,000	11,478	8,350	−3,128	89	−278,398
8	2013-08-05	6,230	5,000	11,230	8,350	−2,880	92	−264,948
9	2013-11-05	6,180	5,000	11,180	7,850	−3,330	92	−306,322
10	2014-02-05	6,125	5,000	11,125	7,850	−3,275	92	−301,313
11	2014-05-05	6,272	5,000	11,272	7,850	−3,422	89	−304,514
12	2014-08-05	6,027	5,000	11,027	7,850	−3,177	92	−292,268
13	2014-11-05	5,982	5,000	10,982	8,400	−2,582	92	−237,538
14	2015-02-05	5,933	5,000	10,933	8,400	−2,533	92	−233,060
15	2015-05-05	6,083	5,000	11,083	8,400	−2,683	89	−238,823
16	2015-08-05	5,844	5,000	10,844	8,400	−2,444	92	−224,849
17	2015-11-05	5,806	5,000	10,806	6,750	−4,056	92	−373,185
18	2016-02-05	5,805	5,000	10,805	6,750	−4,055	92	−373,046
19	2016-05-05	5,952	5,000	10,952	6,750	−4,202	90	−378,220
20	2016-08-05	5,816	5,000	10,816	6,750	−4,066	92	−374,061

총 수익률

TC 순수익 합계	S&P 수익	수익 합계	초기 투자금	총 수익률
−4,994,077	520,000	−4,474,077	1,400,000	−420%

용선료가 하락하는 시장 상황에서 LTV 90%의 조달은 역시 막대한 손실을 유발했다. C1 일등항해사는 아주 값진 경험을 했다. C1 일등항해사의 첫 선박투자의 총 손실률은 420%였다. 총 손실 규모는 초기 투자금 USD 1.4M과 5년 동안의 영업 손실액, 약 USD 4.5M의 합계인 USD 5.9M

가량이었다.

2016년 BDI가 283까지 하락하자 일등항해사에서 선장으로 진급한 C1 선장은 다시 15살 된 핸디사이즈 벌크선을 USD 4M에 매입하였다.

Handysize bulk carrier – 15 Years					
Ship Price	Fair Market Value	4,000,000	TC rate	5,563	19,687
Equity	10%	400,000	OPEX	5,000	
Total Loan	90%	3,600,000			
Senior Loan	60%	2,400,000	LDT	9,000	220
Interest Rate	360	4.13%			1,980,000
Libor 가정(5 Year IRS)		1.13%			
Margin		3.00%			
Junior Loan	30%	1,200,000			
Interest Rate	360	10.47%			
Libor		5.47%			
Margin		5.00%	20 Year Old	1,980,000	

선순위 대출은 비교적 저렴한 3M LIBOR+3%의 금리 조건으로 주거래 은행인 S 은행에서 선가의 60%를 조달했다. 고철 가격으로도 충분히 대출 원금을 상환받을 수 있는 상황이어서 선순위 금융을 조달하는 데 큰 어려움은 없었다.

후순위 대출은 해양대 선배이자 도선사를 하신 아버지에게 부탁했고, 그의 아버지는 선뜻 USD 1.2M을 3M LIBOR에 가산금리 5%를 얹은 조건으로 빌려주었다. 그렇게 C1 선장은 생애 두 번째 선박을 매입했다. Daily CAPEX는 약 USD 1,500으로 추정되었다. Daily OPEX는 USD 5,000으로 잡았다.

CAPEX 추정 | 선순위 대출

		Senior Loan			
No	Date	Outstanding	Principal	Interest	Daily CAPEX
–	2016-08-05	2,400,000	–		
1	2016-11-05	2,319,000	81,000	25,331	1,156
2	2017-02-05	2,238,000	81,000	24,476	1,146
3	2017-05-05	2,157,000	81,000	22,851	1,167
4	2017-08-05	2,076,000	81,000	22,766	1,128
5	2017-11-05	1,995,000	81,000	21,911	1,119
6	2018-02-05	1,914,000	81,000	21,056	1,109
7	2018-05-05	1,833,000	81,000	19,542	1,130
8	2018-08-05	1,752,000	81,000	19,346	1,091
9	2018-11-05	1,671,000	81,000	18,491	1,081
10	2019-02-05	1,590,000	81,000	17,636	1,072
11	2019-05-05	1,509,000	81,000	16,234	1,093
12	2019-08-05	1,428,000	81,000	15,927	1,054
13	2019-11-05	1,347,000	81,000	15,072	1,044
14	2020-02-05	1,266,000	81,000	14,217	1,035
15	2020-05-05	1,185,000	81,000	13,071	1,045
16	2020-08-05	1,104,000	81,000	12,507	1,016
17	2020-11-05	1,023,000	81,000	11,652	1,007
18	2021-02-05	942,000	81,000	10,797	998

| 19 | 2021-05-05 | 861,000 | 81,000 | 9,618 | 1,018 |
| 20 | 2021-08-05 | 780,000 | 81,000 | 9,087 | 979 |

CAPEX 추정 | 후순위 대출

		Junior Portion			
No	Date	Outstanding	Principal	Interest	Daily CAPEX
–	2016-08-05	1,200,000	–		
1	2016-11-05	1,200,000	–	32,108	349
2	2017-02-05	1,200,000	–	32,108	349
3	2017-05-05	1,200,000	–	31,061	349
4	2017-08-05	1,200,000	–	32,108	349
5	2017-11-05	1,200,000	–	32,108	349
6	2018-02-05	1,200,000	–	32,108	349
7	2018-05-05	1,200,000	–	31,061	349
8	2018-08-05	1,200,000	–	32,108	349
9	2018-11-05	1,200,000	–	32,108	349
10	2019-02-05	1,200,000	–	32,108	349
11	2019-05-05	1,200,000	–	31,061	349
12	2019-08-05	1,200,000	–	32,108	349
13	2019-11-05	1,200,000	–	32,108	349
14	2020-02-05	1,200,000	–	32,108	349
15	2020-05-05	1,200,000	–	31,410	349
16	2020-08-05	1,200,000	–	32,108	349
17	2020-11-05	1,200,000	–	32,108	349
18	2021-02-05	1,200,000	–	32,108	349
19	2021-05-05	1,200,000	–	31,061	349
20	2021-08-05	1,200,000	–	32,108	349

Profit / Loss 추정

No	Date	CAPEX	OPEX	C+O	TC rate	Daily Net Profit	Days	Net Profit
–	2016-08-05							
1	2016-11-05	1,505	5,000	6,505	5,563	−942	92	−86,643
2	2017-02-05	1,495	5,000	6,495	5,563	−932	92	−85,788
3	2017-05-05	1,516	5,000	6,516	5,563	−953	89	−84,805
4	2017-08-05	1,477	5,000	6,477	5,563	−914	92	−84,078
5	2017-11-05	1,468	5,000	6,468	5,563	−905	92	−83,223
6	2018-02-05	1,458	5,000	6,458	5,563	−895	92	−82,368
7	2018-05-05	1,479	5,000	6,479	5,563	−916	89	−81,496
8	2018-08-05	1,440	5,000	6,440	5,563	−877	92	−80,658
9	2018-11-05	1,430	5,000	6,430	5,563	−867	92	−79,803
10	2019-02-05	1,421	5,000	6,421	5,563	−858	92	−78,948
11	2019-05-05	1,442	5,000	6,442	5,563	−879	89	−78,188
12	2019-08-05	1,403	5,000	6,403	5,563	−840	92	−77,239
13	2019-11-05	1,393	5,000	6,393	5,563	−830	92	−76,384
14	2020-02-05	1,384	5,000	6,384	5,563	−821	92	−75,529
15	2020-05-05	1,394	5,000	6,394	5,563	−831	90	−74,811
16	2020-08-05	1,365	5,000	6,365	5,563	−802	92	−73,819
17	2020-11-05	1,356	5,000	6,356	5,563	−793	92	−72,964
18	2021-02-05	1,347	5,000	6,347	5,563	−784	92	−72,109
19	2021-05-05	1,367	5,000	6,367	5,563	−804	89	−71,572
20	2021-08-05	1,328	5,000	6,328	5,563	−765	92	−70,399

총 수익률 추정

TC 순수익 합계 추정	초기 투자금	S&P 수익	수익 합계 추정	총 수익률 추정
−1,570,826	400,000	–	−1,570,826	−493%

Daily TC Rate를 USD 5,563으로 적용하여 현금 흐름을 5년 동안 추정하였더니 예상되는 영업 손실은 약 USD 1.57M이었다. 그러나 알 선생과 C1 선장은 대선료가 추정치와 같이 계속해서 낮은 수준으로 지속하지는 않을 것이라고 예상했다.

Historical Data | **Year 2016~2021**

C1 선장님의 두 번째 선박투자는 타이밍이 완벽했다. 선박 매입 가격이 매우 낮았으며, 선박 매입 후 해운 시황도 회복되었다. 거기에 더해 만기 시점의 중고선 매각 선가도 훌륭했다.

Handysize bulk carrier – 15 Years						
Ship Price	Fair Market Value	4,000,000				
Equity	10%	400,000	Year 1 TC rate	5,563		
Total Loan	90%	3,600,000	Year 2 TC rate	8,000		
Senior Loan	60%	2,400,000	Year 3 TC rate	10,500		
Interest Rate	360	Table	Year 4 TC rate	9,100		
Libor	Table		Year 5 TC rate	8,516		
Margin	3.00%					
Junior Loan	30%	1,200,000	20 Year Old	7,000,000	2021–08–05	
Interest Rate	360	Table	OPEX	5,000		
Libor	Table		LDT	9,000		220
Margin	5.00%					1,980,000

용선료 수준은 2016년에 최저점인 USD 5,563에서 USD 10,500까지 상승했고, 중고매매 선박 가격 또한 초기 선박 매입 가격의 거의 두 배인

USD 7M에 육박했다.

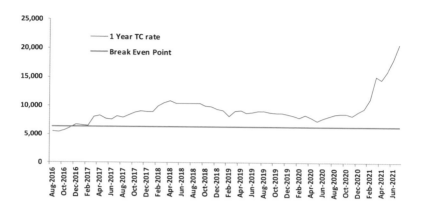

CAPEX | 선순위 대출

		Senior Loan			
No	Date	Outstanding	Principal	Interest	Daily CAPEX
–	2016-08-05	2,400,000	–		
1	2016-11-05	2,319,000	81,000	23,169	1,132

2	2017-02-05	2,238,000	81,000	23,000	1,130
3	2017-05-05	2,157,000	81,000	22,319	1,161
4	2017-08-05	2,076,000	81,000	22,993	1,130
5	2017-11-05	1,995,000	81,000	22,875	1,129
6	2018-02-05	1,914,000	81,000	22,392	1,124
7	2018-05-05	1,833,000	81,000	22,661	1,165
8	2018-08-05	1,752,000	81,000	25,123	1,154
9	2018-11-05	1,671,000	81,000	23,922	1,140
10	2019-02-05	1,590,000	81,000	23,881	1,140
11	2019-05-05	1,509,000	81,000	22,534	1,163
12	2019-08-05	1,428,000	81,000	21,441	1,113
13	2019-11-05	1,347,000	81,000	19,120	1,088
14	2020-02-05	1,266,000	81,000	16,835	1,063
15	2020-05-05	1,185,000	81,000	15,005	1,067
16	2020-08-05	1,104,000	81,000	10,723	997
17	2020-11-05	1,023,000	81,000	9,167	980
18	2021-02-05	942,000	81,000	8,431	972
19	2021-05-05	861,000	81,000	7,441	994
20	2021-08-05	780,000	81,000	6,989	956

CAPEX | 후순위 대출

No	Date	Outstanding	Principal	Interest	Daily CAPEX
		Junior Portion			
–	2016-08-05	1,200,000	–		
1	2016-11-05	1,200,000	–	17,718	193
2	2017-02-05	1,200,000	–	18,035	196
3	2017-05-05	1,200,000	–	17,901	201
4	2017-08-05	1,200,000	–	18,925	206
5	2017-11-05	1,200,000	–	19,356	210
6	2018-02-05	1,200,000	–	19,602	213

7	2018-05-05	1,200,000	–	20,141	226
8	2018-08-05	1,200,000	–	22,580	245
9	2018-11-05	1,200,000	–	22,519	245
10	2019-02-05	1,200,000	–	23,283	253
11	2019-05-05	1,200,000	–	22,940	258
12	2019-08-05	1,200,000	–	23,184	252
13	2019-11-05	1,200,000	–	22,200	241
14	2020-02-05	1,200,000	–	21,131	230
15	2020-05-05	1,200,000	–	20,223	225
16	2020-08-05	1,200,000	–	16,992	185
17	2020-11-05	1,200,000	–	16,097	175
18	2021-02-05	1,200,000	–	16,023	174
19	2021-05-05	1,200,000	–	15,412	173
20	2021-08-05	1,200,000	–	15,874	173

Profit / Loss

No	Date	CAPEX	OPEX	C+O	TC rate	Daily Net Profit	Days	Net Profit
–	2016-08-05							
1	2016-11-05	1,325	5,000	6,325	5,563	-762	92	-70,091
2	2017-02-05	1,326	5,000	6,326	5,563	-763	92	-70,239
3	2017-05-05	1,362	5,000	6,362	5,563	-799	89	-71,113
4	2017-08-05	1,336	5,000	6,336	5,563	-773	92	-71,122
5	2017-11-05	1,339	5,000	6,339	8,000	1,661	92	152,769
6	2018-02-05	1,337	5,000	6,337	8,000	1,663	92	153,006
7	2018-05-05	1,391	5,000	6,391	8,000	1,609	89	143,198
8	2018-08-05	1,399	5,000	6,399	8,000	1,601	92	147,297
9	2018-11-05	1,385	5,000	6,385	10,500	4,115	92	378,559
10	2019-02-05	1,393	5,000	6,393	10,500	4,107	92	377,835
11	2019-05-05	1,421	5,000	6,421	10,500	4,079	89	363,026
12	2019-08-05	1,365	5,000	6,365	10,500	4,135	92	380,376

13	2019-11-05	1,330	5,000	6,330	9,100	2,770	92	254,880
14	2020-02-05	1,293	5,000	6,293	9,100	2,807	92	258,234
15	2020-05-05	1,291	5,000	6,291	9,100	2,809	90	252,772
16	2020-08-05	1,182	5,000	6,182	9,100	2,918	92	268,485
17	2020-11-05	1,155	5,000	6,155	8,516	2,361	92	217,209
18	2021-02-05	1,146	5,000	6,146	8,516	2,370	92	218,019
19	2021-05-05	1,167	5,000	6,167	8,516	2,349	89	209,071
20	2021-08-05	1,129	5,000	6,129	8,516	2,387	92	219,609

　높은 90% LTV 조달에도 불구하고, 매입 시 선가가 매우 낮았기 때문에 1년 차를 제외한 나머지 4년 동안 해당 선박은 막대한 대선^{Time Charter Out} 수익을 올렸다. C1 선장님은 큰 자신감을 얻었다.

총 수익률

TC 순수익 합계	S&P 수익	수익 합계	초기 투자금	총 수익률
3,711,780	5,020,000	8,731,780	400,000	2083%

　C1 선장님은 USD 0.4M(약 4억 4천5백만 원, KRW 1,112.5)을 투자하여 대선 수익으로 약 USD 3.7M(약 42억 원, KRW 1,145)의 수익을 올렸고, S&P 매각 차익으로 약 USD 5M(약 57억 원, KRW 1,145)을 거두었다. 투자로 거둔 총 수익률은 2,083%였다.

Shipping and
Ship Investment

벌크선이란 Unpackaged Bulk Cargo를 운송하는 선박으로 선박 크기에 따라 Capesize·Panamax·Handymax·Handysize·Bulk Carrier로 분류된다. 선적되는 주요 화물에는 철광석·석탄·곡물·시멘트·철재 제품·원목 등이 있다.

철광석(Iron Ore)

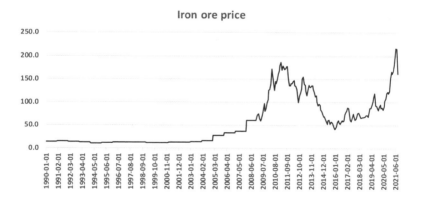

철광석의 품위를 결정하는 요소는 금속 함유량이다. 이에 따르면 호주 철광석의 품위가 가장 높고, 그다음으로 러시아와 브라질 순이다. 중국과 미국의 철광석 품위는 상대적으로 낮다. 전 세계 철광석 수출 물량의 절대다수는 호주와 브라질이 차지하고 있다. 주요 철광석 수출국은 호주·브라질·남아공·캐나다·우크라이나 등이며, 주요 수입국은 중국·일본·한국·독일·네덜란드 등이다.

철광석은 주로 VLOC^{Very Large Ore Carrier}나 Capesize Bulk Carrier로 운송된다. VLOC의 주요 항로는 브라질-중국이다.

Capesize Bulk Carrier

DWT 100,000 이상의 선박을 Capesize Bulk Carrier라고 한다. 과거에는 127K와 150K가 보편적이었으나, 최근에는 180K가 일반적이다.

케이프사이즈 벌크선에는 주로 석탄이나 철광석 같은 화물이 실린다. 장거리 항해가 일반적이어서 항해사나 기관사가 승선하기에 상대적으로 편하다. 하지만 노후선의 경우 선체 구조상 침몰 위험성이 다른 선종에 비해 높아 일부 해기사들은 승선을 선호하지 않는다.

석탄(Coal)

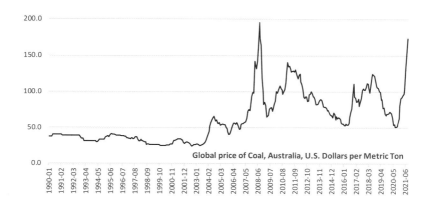

Global price of Coal, Australia, U.S. Dollars per Metric Ton

석탄Coal의 가격을 결정하는 요인은 열량·황Sulfur 함유량·재Ash 함유량·지리적 위치·수급 상황·탄종 등이다. 해운에서 흔히 말하는 석탄은 역청탄Bituminous Coal인데, 발전소에서 쓰이는 연료탄Steaming Coal, Thermal Coal, 발전탄과 제철소에서 쓰이는 원료탄Coking Coal, 제철탄으로 나뉜다. 일반적으로 열량이 6,000kcal/kg 이상인 무연탄Anthracite이 발전탄으로 인기 있으며, 저열량탄 역시 황 함유량이 적어 환경 규제에 적합해서 잘 팔리고 있다.

주요 수출국은 호주·인도네시아·러시아·컬럼비아·남아공·미국 등이며, 주요 수입국은 중국·인도·일본·한국·대만·네덜란드 등이다. 전 세계 석탄의 대부분은 호주·인도네시아·러시아로부터 수출된다. 물론이지만 글로벌 환경 규제로 인해 석탄의 미래는 밝지 않다. 벌크선의 주요 화물인 석탄 수요가 줄어들면, 벌크선 시황에도 부정적인 영향을 미칠 것으로 전망한다.

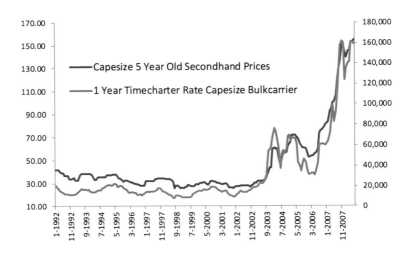

2000년대 중후반까지 해운사 CEO들이 패러다임의 변화라고 울부짖던 벌크선 시황은 리먼 사태 이후 다시 제자리로 돌아왔다. 패러다임의 변화 따위는 없었다.

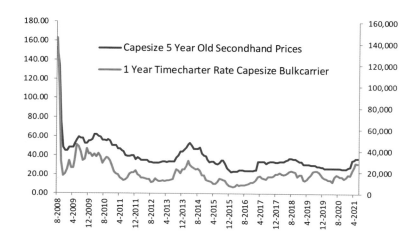

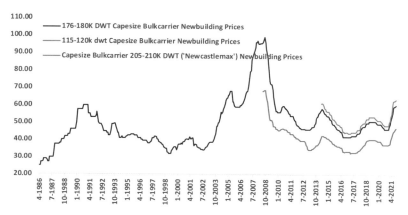

실제로 2000년대 중후반 다수의 국내 상업은행 선박금융 담당자들은 케이프사이즈 선박 1척당 1억 불 전후의 선박금융을 지원했다. 하지만 리

먼 사태로 인해 선가가 3~4천만 불대로 폭락해 버렸고, 그 여파로 국내 상업은행들은 적게는 수천억에서 많게는 수조 원씩 손실을 보았다.

Panamax Bulk Carrier

파나막스 벌크선은 파나마 운하 확장 전 기존 파나마 운하를 통과할 수 있는 최대 크기인 벌크선을 의미한다. 파나막스 선박의 Deadweight Tonnage^{DWT}는 8만 톤 내외이다. 주요 선적 화물은 곡물·석탄·광석 등 이다.

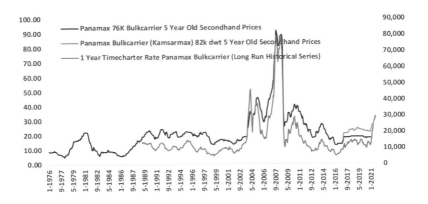

밀(Wheat)

밀은 주식으로 삼는 나라가 많기에 아주 중요한 곡물Grain이다. 경질밀 Hard은 단백질 함량이 높아 빵에 주로 사용되며, 연질밀Soft은 단백질 함량이 낮아 과자에 주로 사용된다. 껍질의 색깔에 따라서는 크게 적색밀 Red과 백색밀White로 나뉜다. 또한, 파종 시기에 따라 가을에 파종하는 겨울밀Winter과 봄에 파종하는 봄밀Spring로 나뉘는데, 전 세계 생산량의 70%는 겨울밀이다.

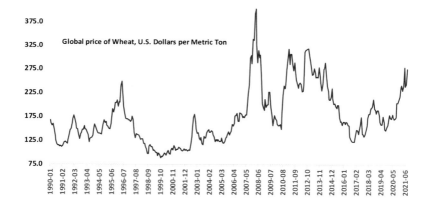

호주는 전체 밀 생산량의 70%를 수출하는 국가이다. 러시아도 국제 밀 가격에 변동을 주는 국가이다. 러시아가 밀 수출을 제한하면 밀값이 크게 오르고는 했다. 주요 밀 수출국은 러시아·EU·미국·캐나다·호주 등이고, 주요 수입국은 인도네시아·이집트·브라질·알제리·방글라데시 등이다.

옥수수(Corn)

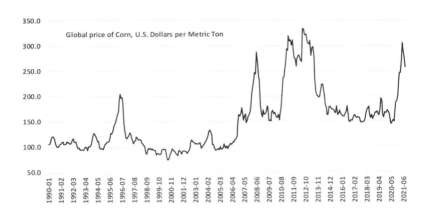

Global price of Corn, U.S. Dollars per Metric Ton

옥수수는 사료로 가장 많이 사용하며, 최근에는 바이오 에탄올 생산에도 사용한다. 옥수수에서 추출한 포도당을 발효시켜 추출한 바이오 연료를 가솔린과 적절히 혼합하면 수송 연료로 사용할 수 있다.

주요 옥수수 수출국은 미국·아르헨티나·브라질 등이며, 주요 수입국은 일본·멕시코·EU·한국·이집트 등이다. 멕시코의 주식은 옥수수로 만든 '또르띠야'이다.

콩(Soybeans)

콩은 대부분 가공crush을 통해 대두유, 대두박, 콩 껍질 등으로 분해된다. 대두박은 동물 사료로, 대두유는 식용유나 바이오 디젤에 주로 사용된다.

 탱커선은 1886년 영국 뉴캐슬에서 건조된 2,700톤 탱커선을 시작으로 DWT 560,000의 ULCC^{Ultra Large Crude oil Carrier}까지 대형화되어 왔다. 탱커선은 화주의 인증을 받아야 화물을 운송할 수 있기에 선원들의 자질과 책임감이 매우 중요하다.

 전 세계에서 생산되는 수십 종의 원유 중 국제 원유 가격의 기준이 되는 3대 유종은 서부 텍사스 중질유^{West Texas Intermediate, WTI}, 브렌트유^{Brent Blend}, 두바이유^{Dubai Crude}다.

 API도^{American Petroleum Institute Degree}는 미국석유협회가 제정한 원유의 비중을 나타내는 기준이다. 이 기준에 따라 34~36도 이상을 경질 원유로 판단하며, 황 함량이 낮을수록 부가가치가 높은 고품질유로 평가한다.

VLCC(Very Large Crude Oil Carrier)

원유 수송에 가장 대표적인 선박은 VLCC 선박이다. 많은 양의 원유를 싣고 다니기에 원유 유출이라는 위험에 항상 노출되어 있다.

선들도 빈번히 폐선 처리되었다. 원유 가격이 폭등하면 선령이 오래된 VLCC들은 Floating Storage로 쓰이기도 했다.

　요컨대 VLCC 선박금융을 실행할 때는 해당 해운사가 VLCC 선박 운항 경험 및 안전 시스템을 갖추었는지, 우수한 탱커선 선원들을 보유했는지 반드시 확인해야 한다. 그리고 되도록 장기운송 계약에 투입되는 선박에 한정해 선박금융을 지원하는 게 바람직하다. VLCC의 OPEX는 Daily USD 7,000~10,000 수준이며, 범용성이 없어 VLCC 운임 시장이 하락하면 막대한 손실을 보기 때문이다. 하지만, 해운 기업의 신용도 및 재무제표만 보고 기업금융 방식으로 선박금융을 실행하는 경우가 빈번하다. 그러나 해운 기업은 용선선과 소유 선박이 많은 탓에 시황 하락기가 오면 감당하기 어려운 수준의 적자 폭을 맞이할 수 있고, 이에 파산 및 법정관리를 신청하는 상황도 빈번히 발생한다는 것을 유의해야 한다.

　앞으로의 전망도 밝지 않다. 환경 규제로 인해 원유 수요가 감소될 것으로 예측되기 때문이다. 그래서 알 선생은 대형 화주사의 장기화물 운송계약에 투입되는 탱커선에 한정해 선박금융을 지원해야 한다고 본다. 물론 Scrap Value 수준의 선박금융 지원에는 동의한다.

　2021년 8월 현재 로이드 리스트 기사에 따르면, VLCC 시장은 과거 20년 동안의 시장 상황 중 최악의 운임 시장을 경험하고 있다고 한다. Southeastern coast of Malaysia와 Strait of Malacca에는 39척의 VLCC 선박이 화물을 기다리며 앵커링 중이다. 중동-중국 간 TD3 루트 운임은 Daily USD -2,000으로 CAPEX와 OPEX는 물론 Voyage 비용도 감당할 수 없는 운임으로 계약이 체결되었다. 전문가들은 코로나의 영향으로 Gasoline과 Jet fuel의 소비가 줄어든 영향이라고 분석하고 있다.

2000년대 중반 알 선생은 탱커선 시황을 분석하던 중 재미있는 내용을 본 적이 있었다. 당시 산유국들은 더 많은 수익을 창출하기 위해 Oil Refinery를 건설하기 시작했다. 그래서 전문가들은 중동과 아프리카 산유국들의 정유 시설이 완공되면 탱커선 시장에 많은 변화가 생길 것이리라 예측했다. 운항 루트도 변할 것이고, VLCC, LR, MR 탱커선의 수요와 항로도 변경될 것이며, VLCC의 Floating Storage 수요에도 변화가 올 것이리라 전망했다. 심지어 일부 전문가들은 중동의 Refinery가 운영되면서 Product Tanker 운임이 폭등할 것으로 예측했다. 오래된 정유 시설은 폐쇄되고 새로 건설된 정유 시설에서 Product Cargo가 생산되면서 Ton-mile이 늘어날 것이라고 본 것이다.

반면 그와 다른 견해를 지닌 전문가들도 있다. 판매처가 줄어들어 기존 정유 회사들이 Crude Oil의 수입을 대폭 줄이게 됨에 따라 VLCC의 수요는 감소하고, Product Cargo의 Ton-mile도 줄게 되면서 Tanker 운임은 폭락할 것이라는 의견도 있다. 최근 COVID-19 영향에 따른 항만 정체 때문에 Clean Floating Storage도 늘어나고 있다는데, 과연 어느 쪽 전망이 맞을지 지켜봐야 할 것 같다.

한편 Oil Tanker 시장은 허리케인이나 태풍 등의 영향을 받는다는 점에도 주의해야 한다. 미국 남부의 정유 시설들이 허리케인의 영향으로 파괴되어 수출 물량이 줄어들거나 수입 물량이 늘어나기도 하는 경우가 대표적인 사례이다.

하기 그래프에서 볼 수 있듯이 VLCC 시장은 변동성이 매우 크다.

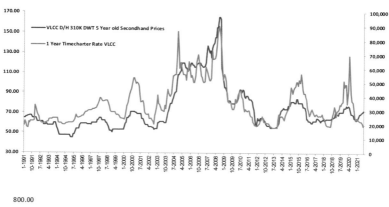

요즘 탱커선 운임이 매우 안 좋지만, 신조선과 스크랩 가격은 떨어지지 않고 있다. 그 이유는 탱커선을 건조할 수 있는 조선소에 신조 주문이 밀려 있기 때문이다. LNG선, 컨테이너선, 벌크선 모두 신조 주문들이 밀려 있는 만큼 탱커선의 신조 선가가 떨어지지 않고 있다. 게다가 철광석과 철강 가격 상승으로 폐선 가격도 매우 높은 수준을 유지하고 있다. 좋지 않은 운임 시장에서는 폐선도 좋은 선택지가 될 수 있다.

Product Tanker

Product Tanker의 주요 선적 화물은 Gasoline, Naphtha, Diesel, Jet Oil 등이다. 다시 말하면 Product Tanker는 주로 CPP^{Clean Petroleum Product}를 운송한다. 중동과 아프리카 산유국들의 Refinery 공장 설립 및 운영에 따른 Ton-mile 및 운항 루트가 변경될 가능성이 매우 농후하다는 점에서 투자에 유의해야 하는 선종이다.

Chemical Tanker보다 양호한 편이긴 하지만 Product Tanker는 화주

마다 높은 수준의 선박 관리를 요구하는 경우가 많아 선원들의 업무 강도도 높다.

Product Tanker는 소수의 해운사가 대량으로 소유하거나 운항하고 있어 시장 붕괴 시 선가가 바닥으로 추락할 가능성도 크다.

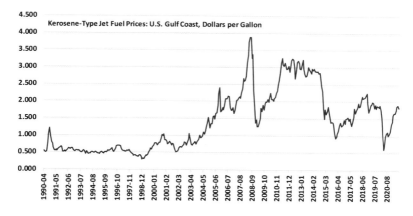

Chemical Tanker

    Chemical Tanker는 업무 환경이 좋지 않고 업무 강도도 높은 선박으로 악평이 나 있어 선원들이 승선하기를 기피하는 선박이다.

    이 선박의 특징 중 하나는 선박 크기에 따라 분리된 Cargo Tank가 많이 존재한다는 것이다. 각 Cargo Tank는 Phenolic Epoxy, Zinc Paint 등

으로 코팅되어 있거나 Stainless Steel Tanks로 구성되어 있다. SUS로 만들어진 Chemical Tanker의 경우 Scrap Price가 일반 상선보다 상대적으로 높다. Chemical Tanker의 경쟁력은 화물을 양하Discharging하고, 탱크 청소 후 새로운 화물을 적하Loading하는 데 소요되는 시간으로 결정된다.

Chemical Tanker의 선적은 탱크의 용적, 위치 등의 제약을 받는다. 제일 위험한 화물은 선박 내측에 자리한 IMO TYPE 1 탱크에 싣는다.

IMO TYPE 1

Products which possess very serious environmental and safety hazards which require maximum preventive measures to prevent any leakage of cargo come under Type 1 Chemical Tanker.

IMO TYPE 2

Chemical products with markedly severe environmental and safety hazards which require significant preventive measures to forestall any escape of such cargo can be classified as Type 2 Chemical Tankers.

IMO TYPE 3

Chemical tankers which transport products with amply severe environmental and safety hazards which require a modeRate degree of containment in a damaged condition can be referred to as Type 3 Chemical Tankers.

대부분의 Chemical Tanker는 IMO TYPE 2 또는 TYPE 3 선박이다. Chemical 선박의 주요 운송 화물은 Organic Chemicals, Inorganic Chemicals, Vegetable Oils & Fats 등이다. Vegetable Oils & Fats는 주로 IMO TYPE 2 선박으로 운송된다.

알 선생은 Chemical Tanker에 선박금융을 지원하게 되면 늘 머릿속에 걱정이 가득 넘쳤다. 해적에게 나포될 위험이나, 영세한 해운 업체의 경영난 등의 리스크가 알 선생을 괴롭혔다. 그래도 아직 단 한 번도 Chemical Tanker 선박금융에서 손실을 본 적은 없다. 걱정을 많이 했던 만큼 문제도 겪지 않았던 셈이다.

소형 Chemical Tanker는 주로 다수의 소형 선주사들이 소유하고 있고, 해당 선박들은 Maritime Lien 때문에 선박금융을 진행하기가 쉽지 않다. 전통 있는 케미컬 전문 선사가 소유한 선박이 아니라면 선박금융 진행이 쉽지 않다. 게다가 Freeboard가 낮아 해적에게 나포되기도 쉬워 선박금융 지원 후 대출 관리에 각별한 주의가 필요하다. 물론 1만 톤 이상의 SUS Type Chemical Tanker라면 소형 Chemical Tanker 대비 선박금융 지원 검토가 상대적으로 유리한 점도 있다.

3.   LNG Carrier

LNG^{Liquefied Natural Gas}는 메탄^{Methane, CH₄}을 냉각해서 액화^{-162℃, 액화}
^{온도}시킨 것이며 주로 도시가스와 발전용으로 쓰인다. LNG Carrier는 이
LNG를 운반하는 전용 선박이다.

한국은 주로 카타르·호주·오만·말레이시아·인도네시아·미국·러시아
등에서 LNG를 수입해 오고 있다.

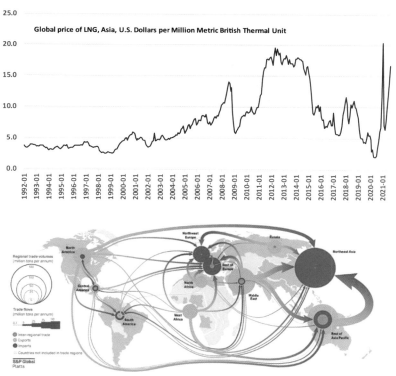

출처 S&P Global Platts

LNG 선박은 Moss Type과 Membrane Type이 있고, 과거에는 철저히 전용선 개념이었다. 원가 보전에 일정한 마진을 보장하는 운송 계약이었던 것이다.

한국은 KOGAS가 LOU를 제공했고, 리먼 사태 이전에는 외국계 은행들이 말도 안 되는 저금리로 선박금융을 제공했다. 5~10년짜리 선순위 금리가 3M Libor+30bps 수준이었고, 후순위 금리도 3M Libor+60bps 수준이었을 정도였다. 높은 조달금리 때문에 국책은행만이 제한적으로 후순위 금융에 참여했을 뿐, 국내 은행들은 사실상 참여가 불가능했다. 그러던 중 리먼 브라더스 사태가 터졌고 금리가 상승했다. 당시 KOGAS에서 선박금융 시 원리금 지급을 보증하는 조건이 있었지만, 5년짜리 선순위 금리가 3M Libor+250bps까지, 후순위 금리는 3M Libor+300bps까지 치솟았다.

　과거의 VLCC와 마찬가지로 LNG선도 이제 서서히 전용선 계약 중심에서 벗어나 용선 계약 중심으로 영업 패턴이 변하고 있다. 하지만 벌크선과 달리 막대한 리스크가 존재하기 때문에 그에 맞는 Risk Premium이 계산되어야 한다.

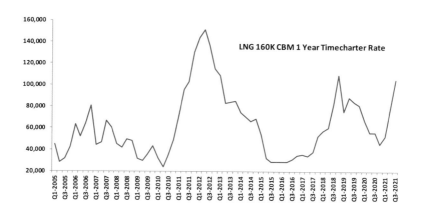

LNG 선박의 SPOT 용선료의 변동 폭은 상기 그래프와 같이 너무 크다. 그래서 TC 기간이 짧다면 PM은 많은 고민을 해야 한다. 화물 운송 계약이나 용선 계약 기간 만료 후 Residual Value에 대해 심사숙고를 해야 하는 선박인 만큼 범용성이 현저히 떨어지기 때문이다. "High Risk, High Return"이긴 하지만 현명한 투자가 요구된다.

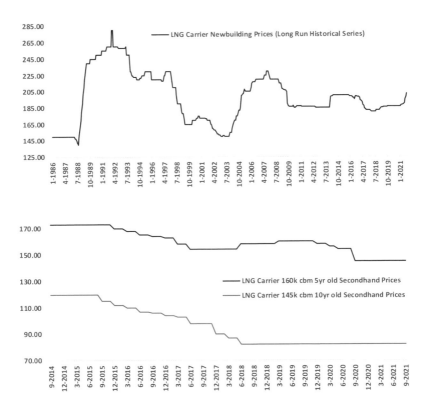

일부 전문가들은 LNG를 해운의 미래 연료로 생각하고 있는 한편, 또 다른 전문가들은 LNG를 환경 파괴의 주범으로 보고 있다. LNG는 그린

암모니아나 그린 수소로 가는 길의 과도기 연료로 사용되어야 한다는 주장도 있고, LNG를 더는 사용하면 안 된다는 의견도 있는 상황이다. 매우 혼란스러운 시기이다.

2021년 9월 기준 LNG선의 신조 선가는 약 2억 달러 정도이며, 5년산 LNG선 중고 선가는 약 1억 5천만 달러 수준이다.

유럽은 1970년대부터 천연가스를 수입해 다양한 용도로 사용해 왔다. 아무래도 겨울철에 천연가스 사용량이 폭증하기 때문에 이를 대비하기 위해 상대적으로 천연가스의 가격이 저렴한 여름철에 유럽은 대규모로 천연가스를 수입한 뒤, 저장 시설에 보관해 두었다가 겨울철에 사용해왔다. 하지만 2021년 여름에는 천연가스 가격이 예전처럼 저렴하지 않아 유럽은 천연가스 수입 및 저장을 많이 못 해 둔 상황이다.

더불어 EU는 환경 및 탄소 배출 규제 때문에 계속해서 화력 발전량을 줄였고, 이를 대체해 천연가스를 이용한 발전량도 늘려 왔다. 설상가상 러시아마저 자국의 천연가스 소비가 증가하자 유럽으로 보내던 천연가스 수출량을 줄였다.

천연가스 가격은 이러한 일련의 복합적 요인으로 인해 다음 그래프와 같이 폭등하고 말았다. 그 결과 유럽의 많은 중소 가스 공급 업체들이 파산했다. 그들은 이미 소매업자에게 약정된 금액으로 1~3년 전에 가스를 판매했기 때문이다. 앞으로는 과연 천연가스가 대체 연료로서 효용성을 지닐지 의문이 드는 시점이다.

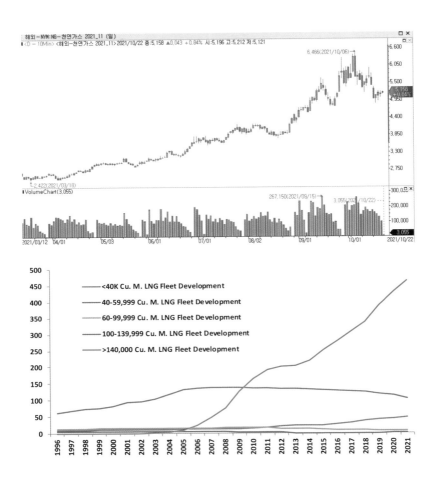

　　LNG선 선대 확장을 살펴보면 대형 LNG선(140,000 Cubic Meter급 이상)이 시장에 투입되는 현상이 단연 눈에 들어오고 있다.

프로판C3H8의 액화온도는 −42.1°C이며, 난방 및 취사용으로 사용된다. 부탄C4H10의 액화온도는 −0.5°C이며, 주로 차량 연료로 사용된다. 이 둘을 지칭하여 'LPGLiquefied Petroleum Gas'라고 부른다. 또한, LPG는 전기·전자 소재, 필름 및 포장재 등의 원료가 되기도 하며, 재활용 플라스틱 사용 여부에 따라 수요 변동이 생길 수 있다.

LPG선은 LNG선보다 저렴하지만 다른 상선보다는 고가이다. 선가 변동성이 크기 때문에 장기 운송 계약이 없다면 선박금융 지원에 매우 신중해야 한다.

다음 그래프를 보면, 소형 LPG선의 선대 확장은 정체되었지만, 대형

LPG선(65,000 Cubic Meter급 이상)의 선대는 급격히 늘어나고 있음을 확인할 수 있다. VLGC의 주요 항로는 미국과 중동에서 아시아로 향한다.

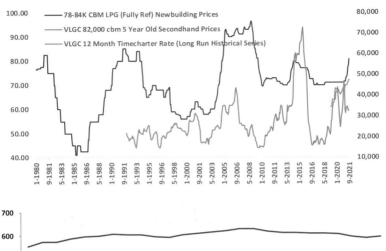

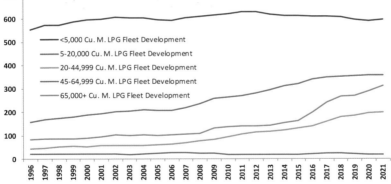

5. PCTC(Pure Car and Truck Carrier)

자동차 운반선은 화주 및 용선주가 제한적인 선박이므로 선박금융 지원 시 많은 고민을 해야 한다. 자동차 운반선을 운영하는 노하우가 있는 해운사들에 한정하여 선박금융 지원을 검토해야 하며, 장기 운송 계약이나 용선 계약이 확보되어 있는지 화주로부터 반드시 확인할 필요가 있다.

얼마 전 사고가 난 ○○호는 일등항해사가 선박의 복원성 계산 프로그램에 선박 평형수Ballast Water의 양을 잘못 입력한 탓에 발생한 인재로 판

결되었다. 이 사고로 전문가들은 전손 USD 62.5M, 차량 손실 USD 142M 등 총 약 USD 400M의 손실이 발생할 것으로 예상한다.

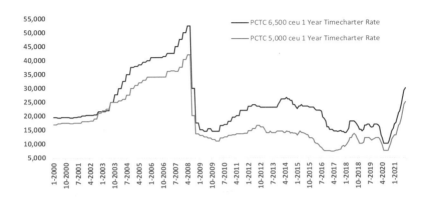

알 선생의 같은 반 동기 두 명은 PCTC에서 선장을 했고, 현재는 도선 사로 근무 중이다. 그래서 PCTC는 알 선생에게 친근한 선종인 한편, 동 시에 금융 지원을 분석하기에는 가장 어려운 선종 중 하나로 꼽는다.

MPP 선박은 주로 On-Deck 위에 중량물 화물을 싣고 다니는데, 전시에는 장갑차나 탱크 등을 싣는다. 그래서 전시에 동원이 되면 용선료가 가장 비싼 축에 속한다. 물론 컨테이너 화물도 실을 수 있다. 실제로 최근에는 컨테이너 선박 용선료가 급등해 MPP 선박 역시 막대한 대선 수익을 창출하고 있다.

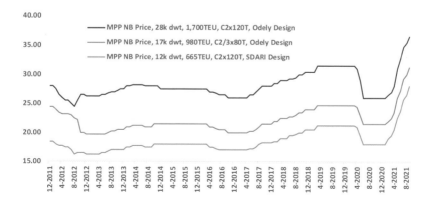

국내 H사가 보유하고 있는 MPP 선박들도 현재는 컨테이너 전용선으로 이용되고 있다. 컨테이너선 운임과 선가 상승으로 MPP 선박의 운임 및 선가도 덩달아 폭등하고 있다.

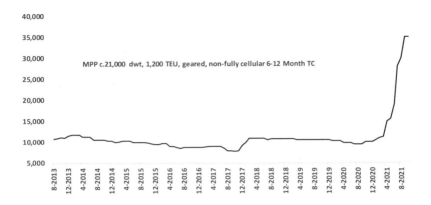

걸프전 당시 MPP 선박으로 대선 영업을 해 큰돈을 버셨던 해양대 선배님의 무용담이 아직도 생생하다.

7.   Container Ship

학부 시절, 지금은 해수부 장관을 지내시는 문 교수님께서 수업 중 컨테이너의 발명이야말로 물류의 혁신이라고 말씀하셨던 게 기억난다. 당시 교수님은 다른 선종과 달리 컨테이너선의 시황을 분석할 때는 Alliance, Door to Door 서비스, 컨테이너 터미널 보유 현황, 항공기 물류와 육상 물류와의 연계성 등을 복합적으로 분석해야 한다고 강조하셨다.

정기선 부분을 단순 해운으로 볼 수 있느냐에 대해서는 많은 의견이 있다. 이에 대해 전문가들은 선박 관련 경쟁력 그 자체도 중요하지만, 그보다는 항만, 터미널 등과 육상 및 항공 물류 시스템 기반 해상 운임이 정기선 선사의 경쟁력을 통제할 수 있다고 주장한다. 그래서 최근 머스크 사는 육상 및 항공 물류 시스템에 대한 투자를 계속해서 늘리고 있다고 한다. 더불어 Door to Door 서비스를 원하는 고객들의 니즈도 중요하다고 지적한다. 이로 인해 컨테이너선 시장은 선박 관련 경쟁력이 우월하다는 점만으로 다른 정기선 선사들과의 경쟁에서 이길 것이라고 보장할 수 없는 시장이라는 것이다.

　규모의 경제Economies of Scale와 연료 효율화Fuel Efficiency 등의 영향으로 컨테이너선은 계속해서 대형화되고 있다. 하지만 이는 또 다른 문제를 일으키고 있다. 선박의 대형화에 비례하여 각종 사고 처리 비용도 증가하고 있으며, 처리 방법도 복잡해지고 있기 때문이다.

2000년대 중반까지만 하더라도 전문가들은 10,000TEU 이상의 컨테이너선을 건조하는 것에 회의적이었다. 주요 컨테이너 터미널마다 수심 확장을 위한 준설 작업Dredging을 다시 해야 하고, 만선 할 수 있을 만큼의 화물 수배 가능성에 의문을 품었다. 이에 더해 선적하는 컨테이너 수량이 늘어날수록 화물 관리가 제대로 안 될 공산이 크며, 선박도 위험해질 것이라 보았다. 더불어 선박의 대형화에 따른 구조적 문제점과 운용상의 어려움이 발생할 것이라고 보았다.

실제로 그런 예상은 틀리지 않았다. 최근 빈번하게 들려오는 컨테이너선 화재 소식이 이를 입증한다. 사고들은 대체로 배터리, 화학물질, 발화탄 등이 원인인 것으로 보이는데, 이처럼 선박이 대형화되면서 사고 건수는 물론 그 피해 규모 역시 급격히 늘어나고 있다.

2020년에만 3,000개 이상의 컨테이너 박스가 바다에서 소실되었다. 선박의 대형화에서 비롯된 문제이긴 하지만, 나날이 심각해지는 바다 날씨 때문이기도 하다.

　최근 Ever Given호가 수에즈 운하를 막아 버렸던 사건은 수에즈 당국
은 물론 보험사, 컨테이너 선사들 모두에 막대한 손실을 안겨 주었다. 그
런데도 머스크사가 시작한 메가 컨테이너선 건조 붐은 컨테이너 선사들
간의 치킨 게임으로 이어졌고, 메가 컨테이너선은 이제 컨테이너 선사들
에 있어 필수 선대가 되어 버린 상황이다.

　대형 컨테이너선 MGX-23형은 2013년에서 2019년까지 발주 인도되었다. 1세대는 18,000~20,000TEU를 선적하게 설계되었고, 2세대는 21,000TEU까지 선적할 수 있다. Scrubber 장착은 옵션이었다. 추진은 벙커 추진이 대세였다.

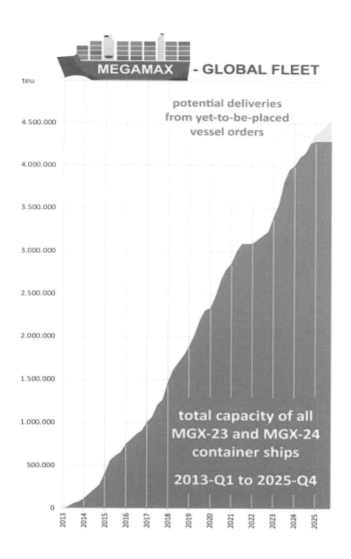

vessel class	operator	first dely	2013	2014	2015	2016	2017	2018	2019	2020	2021	2022	2023	2024	2025
Maersk DSME EEE Mk I	Maersk Line	2013	1 2 1 2	3 1 3 4											
CSCL Hyundai MGX-23	COSCO Shg	2014		2 2 1											
MSC DSME Olympic MGX-23 Mk I	MSC	2015			2 2 2										
UASC Hyundai A18 MGX-23	UASC (HL)	2015			1 1 2 2										
MSC DSME Olympic MGX-23 Mk II	MSC	2016				3 2 1									
MSC Samsung MGX-23	MSC	2016				1 2 1 2									
MSC Hyundai MGX-23	MSC	2016				1 1									
MOL Samsung MGX-23	ONE	2016				1 1 2									
Maersk DSME EEE Mk II	Maersk Line	2017					1 1 2 1	4 1	1						
OOCL Samsung MGX-23	OOCL	2017					1 3 1 1								
MOL Imabari MGX-23	ONE	2017					1 1								
COSCO CSSC MGX-23	COSCO Shg	2018						1 2 1 1							
COSCO KHI MGX-23	COSCO Shg	2018						1 1 2	2						
CMA CGM HHIC MGX-23	CMA CGM	2018						1 1	1						
Evergreen Imazo G-Class MGX-23	Evergreen	2018						1 1 1	2 1 3 1						
COSCO CSIC MGX-23	COSCO Shg	2018						1 1	3 1						
MSC DSME MGX-24	MSC	2019							1 1		2 3				
MSC Samsung MGX-24	MSC	2019							1 1 2 1						
HMM DSME MGX-24	HMM	2020								4 3					
HMM Samsung MGX-24	HMM	2020								2 3					
CMA CGM CSSC MGX-24 LNG	CMA CGM	2020								1 3 2 2 1					
Evergreen Samsung MGX-24	Evergreen	2020								1 2 1 2					
Evergreen CSSC MGX-24	Evergreen	2022										2 2	1		1
HZ MGX-24	MSC	2022										2 2 2			
YZJ MGX-24	MSC	2023											3 3		
ONE Imabari MGX-24	ONE	2023											2 1 1 1	1	
COSCO-KHI MGX-24	OOCL	2023											1 3 2 1 2 2 1		
HMM DSME MGX-24 LNG	Hapag-Lloyd	2023											1 2 3	2	1 1

megamax deliveries by quarter: 2013 to 2025

vessel class	operator	ALI	2013	2014	2015	2016	2017	2018	2019	2020	2021	2022	2023	2024	2025
Maersk DSME EEE Mk I	Maersk Line	2M	1 2 1 2	3 1 3 4											
MSC DSME Olympic MGX-23 Mk I	MSC				2 2 2										
MSC DSME Olympic MGX-23 Mk II	MSC					3 2 1									
MSC Samsung MGX-23	MSC					1 2 1 2									
MSC Hyundai MGX-23	MSC					1 1									
Maersk DSME EEE Mk II	Maersk Line						1 1 2 1	4 1	1						
MSC DSME MGX-24	MSC								1 2 1		2 3				
MSC Samsung MGX-24	MSC								1 1 2 1						
HZ MGX-24	MSC											2 2 2			
YZJ MGX-24	MSC												3 3		
CSCL Hyundai MGX-23	COSCO Shg	OCEAN		2 2 1											
OOCL Samsung MGX-23	OOCL						1 3 1 1								
COSCO CSSC MGX-23	COSCO Shg							1 2 1 1							
COSCO KHI MGX-23	COSCO Shg							1 1 2	2						
CMA CGM HHIC MGX-23	CMA CGM							1 1	1						
Evergreen Imazo G-Class MGX-23	Evergreen							1 1 1	2 1 3 1						
COSCO CSIC MGX-23	COSCO Shg							1 1	3 1						
CMA CGM CSSC MGX-24 LNG	CMA CGM									1 3 2 2 1					
Evergreen Samsung MGX-24	Evergreen									1 2 1 2					
Evergreen CSSC MGX-24	Evergreen											2 2	1		1
COSCO-KHI MGX-24	OOCL												1 3 2 1 2 2 1		
UASC Hyundai A18 MGX-23	UASC (HL)	THEA			1 1 2 2										
MOL Samsung MGX-23	ONE					1 1 2									
MOL Imabari MGX-23	ONE						1 1								
HMM DSME MGX-24	HMM									4 3					
HMM Samsung MGX-24	HMM									2 3					
ONE Imabari MGX-24	ONE												2 1 1 1	1	
HMM DSME MGX-24 LNG	Hapag-Lloyd												1 2 3	2	1 1

megamax deliveries by carrier alliance

출처 Alphaliner

MGX-24형은 LNG 추진을 옵션으로 하는 사양과 벙커 추진만 장착한 사양으로 나뉜다. 23,000~24,000TEU까지 선적할 수 있지만, 듀얼 타입은 LNG 가스 저장 공간으로 인해 약 500TEU를 적게 실을 수밖에 없다는 단점이 있다.

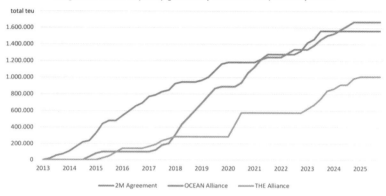

Megamax Vessel Capacity growth by alliance: 2M, OCEAN, THEA

과거 한진해운이 무너지기 전에는 컨테이너선에 대한 선박금융 진행은 상대적으로 고민이 덜 되었던 분야였다. 알 선생은 주로 Corporate Finance 방식으로 접근했다. 하지만 한진해운 파산 이후 제일 어려워진 분야가 컨테이너선 선박금융이 되었다.

8. 환경 이슈

2021년 9월 현재 약 50여 척 이상의 벌크선이 미시시피강 유역에서 아직도 대기 중이다. 허리케인의 영향으로 곡물 선적 장비Loading Facilities가 파괴되었기 때문이다. 이 지역뿐 아니라 미국 남부 지역의 정유 시설들도 허리케인의 타격을 받았다.

얼마 전까지만 해도 해운업계의 화두는 저유황 벙커 사용과 스크러버 설치였다. 톤당 300불까지 차이가 났던 IFO380 가격과 0.5% VLSFO의 가격 차이는 2020년 초반에 접어들며 50불대까지 줄어들었다. 하지만, 2021년 8월에는 다시 100불대까지 늘어났다. 대형 컨테이너선의 경우 Scrubber 설치 가격이 약 8백만 불에 달한다고 한다. 설치 공간 문제 및 경제성 때문에 대형선에만 Scrubber를 설치하는 게 일반적이다.

현재 해운업계는 유럽에서 들려오는 탄소 국경세와 차세대 연료유 이슈 때문에 난리다. 모두가 ETS^{Emissions Trading System}, Poseidon Principals와 Carbon Efficiency and Intensity Indices가 어떻게 발전할 것이며, 세계 경제와 해운에 어떤 영향을 줄지 지켜보는 상황이다.

과거 싱글 Hull 탱커선이 폐지될 때, 유럽과는 달리 우리나라는 싱글 Hull에 비교적 관대했다. 태안 앞바다가 기름 범벅이 되었던 것도 그래서였다. 심지어 외국계 은행들이 싱글 Hull 탱커선에 금융 지원을 중단했을 때에도 국내 은행들은 싱글 Hull 탱커선에 선박금융을 지원했다. 국내 은행 특유의 순환 보직 제도가 낳은 결과였다.

말도 많고 탈도 많았던 BWTS는 최근 선박의 대부분에 설치되고 있다. 그 효과와 작동 여부 및 효용성은 잘 모르겠다. 친환경 정책은 지구와 미래 세대를 생각하면 강하게 추진해야 할 정책이긴 하지만 비용 문제로 인해 쉽지 않을 것 같다. 결국, LNG 발전까지 중지하느냐가 관건이다. 요즘 대세인 전기차와 수소차를 보건대, 내연기관은 향후 10년 내로 없어질 것이라는 의견이 많다.

대체 선박 연료유와 관련해서는 전문가들 사이에서도 의견이 분분하다. 대체로 암모니아나 수소로 간다는 의견이 지배적이다. 그러나 또 다른 친환경 연료도 나올 수 있다고 주장하는 이들도 있다. 어쨌든 친환경 연료로 가기 전까지는 LNG 추진선이 대세가 될 것이라는 의견이 많다. 일부 전문가는 LNG가 생각보다 오랜 기간 시장을 지배할 것이라고 보기도 한다. LNG가 5년을 지배할지 15년을 지배할지는 지켜봐야 할 문제다.

그러나 스크러버처럼 이산화탄소나 메탄을 포집하는 장치가 나올 수도 있다. 미래를 예측하기에는 너무도 변수가 많다.

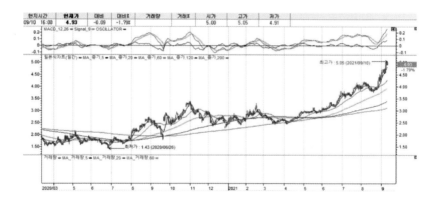

이런 상황에서 안타깝게도 천연가스 가격이 치솟고 있다. 향후에도 계속 가격이 상승한다면 과연 경제적인 선박 연료라는 타이틀을 지킬 수 있을지 의구심이 든다. 더불어 LNG는 여전히 메탄슬립이라는 약점을 지니고 있다.

초대형 컨테이너선으로 Game Changer가 되었던 머스크가 다시 한번

Game Changer가 될지 모른다.

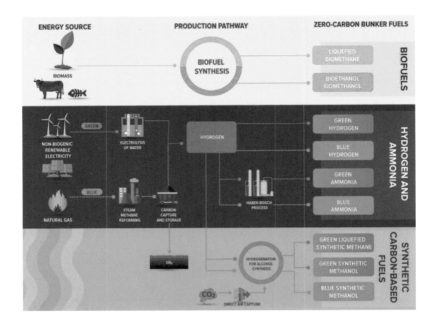

머스크는 LNG 연료 추진선에 대해서 부정적인 견해를 보이는 중이다. 그래서인지 2021년 8월 머스크는 한국조선해양에 8+4 계약으로 16,000TEU E-methanol 컨테이너선을 발주했다. 척당 발주 금액은 USD 175M이다. 2024년 하반기부터 순서대로 인도될 예정이다.

요컨대 친환경 미래 선박 연료로는 현재 암모니아, 메탄올, 수소가 대세일 것이라는 의견이 지배적이며, 해당 연료들이 안착하기 전까지는 LNG 추진선이 잠시 그 과도기를 메울 것 같다는 게 전문가들은 예측이다. 이와 관련, 탄소세, 탄소배출권, 탄소국경세, RE 100 등이 시장을 어떻게 바꿔 나갈지 신중히 지켜봐야 한다.

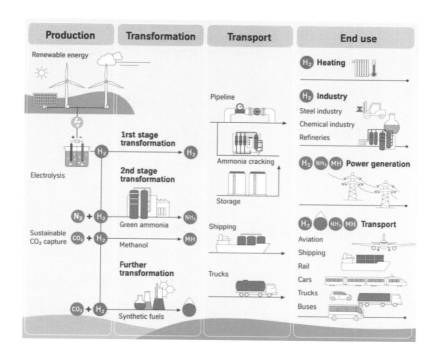

또한, 일부 전문가들은 온실가스를 줄이는 가장 효율적인 방법은 신재생에너지를 개발하는 것이 아니라, 차나 선박 등을 오랜 기간 사용할 수 있게끔 제조하는 것이라고 한다. 원자재를 채굴하고, 운송하고, 가공한 후 제품을 만드는 과정에서 막대한 온실가스가 발생한다는 것이다. 새로운 연료를 개발하고, 새로운 차나 선박을 만드는 것은 더 많은 온실가스를 생산한다는 내용이다. 그들은 지구인들이 핵심을 놓치고 있다고 주장한다.

COVID-19 사태 발생 후 컨테이너선 및 벌크선 시장 운임이 폭등했다. 아시아와 북미 루트에 투입된 2021년 7월 선복량은 2020년 7월 대비 30.6% 증가했다. 화물량의 증가가 핵심 원인이 아니었다. 아시아와 북미 지역의 항만 정체가 가장 큰 원인이었다.

전문가들도 수요 증가Demand-driven가 아닌 비효율성Inefficiencies의 증가 때문에 생긴 현상으로 보고 있다. 현재 과거와 똑같은 화물량을 운송하려면, 과거 대비 25% 이상의 선복량이 필요하다고 한다. 특히 미국 정부가 경제 회복을 위해 지원한 현금 지원 정책이 물류 관련 종사자의 업무 이탈로 이어져 물류 정체를 가져왔다는 의견이 있다. 고령자가 많은 미국의 트럭운전사들이 코로나가 무서워 일을 그만둔 영향이라는 것이다. 2021년 10월 현재 약 300척 이상의 컨테이너 선박들이 중국과 미국 항만에서 입항하기를 기다리고 있다. 항만 적체와 공급망 붕괴가 결국 시황을 급등시켰다는 이야기이다.

여행을 못 가는 대신 집에서 온라인으로 물품을 많이 구매하는 현상도 운임 폭등의 원인 중 하나이다. 미국은 기존에 이미 온라인 구매 시스템이 갖추어져 있었지만, 사용자가 많지 않았다고 한다. 하지만 COVID-19 사태 발생 후 온라인 시스템 이용자가 폭증한 것이다.

알 선생은 이러한 원인에 더해, 기존에는 항공기를 통해 개인들이 이동시켰던 막대한 물량이 코로나로 인해 해상 운송으로 넘어온 것도 하나의 원인으로 보고 있다. 인천공항에서 빈번하게 봤던 중국인들이 뜯어버린 포장 쓰레기 더미를 떠올려 보자. 그처럼 예전에는 캐리어에 넣어서 가지고 오던 물품들이 현재는 포장이 되어 해상 운송편으로 오는 것도 물류 정체의 원인으로 볼 수 있을 것이다.

COVID-19의 영향은 실로 막대하다. 2021년 9월 현재 중국에서 미국으로 가는 1TEU 운임이 1만 불이 넘는다. Alphaliner 자료에 따르면 2021년 9월 2,700TEU 컨테이너선 6개월 용선료가 Daily USD 155,000 수준에 이른다. Daily USD 10,000 내외이던 과거 용선료 수준을 생각하면 말도 안 되는 수치이다.

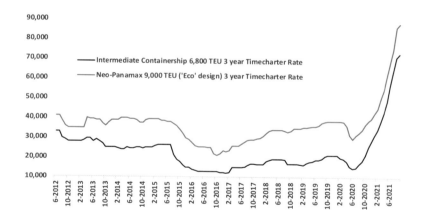

COVID-19 사태 이후 컨테이너 선박의 용선료 수준이 가파르게 오르고 있다. 2008년도에 초대형 컨테이너 선박이라고 평가되던 8,600 TEU급 5살짜리 컨테이너선의 중고 선가는 약 USD 130M이었다. 하지만 한진해운이 파산한 후 해당 선박의 중고 선가는 약 USD 23M에 거래되었다. 코로나 영향으로 2021년 9월 현재 해당 선박의 중고 선가는 USD 90M 수준이다. 역시 해 뜨기 전 새벽이 가장 어둡다.

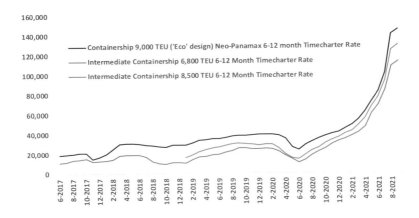

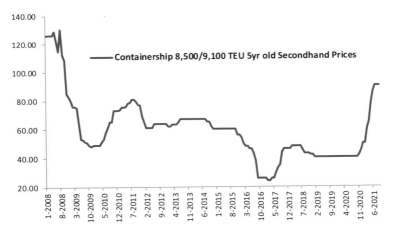

한진 수빅 조선소에서 건조하여 2015년에 인도된 Cape Chronos (6,882TEU, 건조 가격 약 USD 58M)호는 2021년 9월 OM Maritime에 USD 132.5M로 매각되었다. 2017년에 중국 선사가 USD 6.1M에 매입했던

Celsius Brickell(3,768TEU, Built 2007)호는 머스크가 2021년 7월 USD 44M 에 매입했다. 2019년에 인도된 FILIA T(1,774TEU)호는 건조 선가가 USD 20M이었으나 2021년 9월 Wan Hai Lines가 USD 41M로 매입했다.

여기에 더해 아래 그래프에서 보듯이 신조 컨테이너 선가도 폭등하고 있다.

컨테이너 BOX 제작 비용도 덩달아 폭등했다. 과거 2,000불 내외였던 컨테이너 BOX 제작비용은 2021년 9월 현재, 20피트짜리 컨테이너 박스 는 4,000불에 40피트짜리는 6,500불에 생산되고 있다.

MSC는 중고선 시장에서 2020에서 2021년까지 1년간 100척이 넘 는 컨테이너선을 구매했다. MSC는 숙련된 컨테이너선 해기사를 구하 기 어려워 2021년 상반기 거제도에서 인도받을 23,000TEU 컨테이너 선에 승선할 해기사와 선원 구인공고를 냈다. 일항기사의 월급은 USD 13,000~14,000 수준이었다. HMM도 역사상 유래가 없는 컨테이너 시황

폭등으로 많은 영업이익을 거두었고, 노사 간 임금 인상 문제로 진통을 겪었다. 파업 위기까지 치달았지만, 극적으로 타결했다.

COVID-19 사태로 인한 컨테이너선 운임 폭등은 벌크선에도 영향을 주었다. 현재 중국의 곡물 및 석탄 항구의 접안 대기 평균 Waiting이 10일 이상 소요되고 있다. 로이드리스트 기사에 따르면 21년 8월 현재 565척의 벌크선이 주요 항 앵커리지에서 입항을 기다리고 있다고 한다. Supramax 223척, Panamax 180척, Handysize 109척, Capesize 55척이 입항을 대기하고 있다는 것이다. 물류 정체는 안타깝지만, 항해사들에게는 약간 여유로운 시간이다. 알 선생도 앵커링 중에 낚시하던 생각이 난다.

2016년 BDI 지수가 283을 기록했다. 역사상 최저점을 갱신한 것이다. 그 후 전 세계 주요 벌크선사는 지속해서 손실을 보았다. 그러나 2021년 상반기에 들어와 많은 벌크선사가 흑자를 기록하고 있다. Starbulk의 경우 상반기에만 누적 손실액의 16.43%에 해당하는 수익을 올렸고, Golden Ocean의 경우 누적 손실액의 34.9%에 해당하는 수익을 확보했다. 벌크선사는 2~3년간 올린 수익으로 10년을 먹고 산다는 말이 사실인 듯하다.

컨테이너 운임 시장이 폭등하자 그간 컨테이너선으로 운반하던 화물들이 벌크선으로 옮겨오는 현상도 발생하고 있다. 특히 Handysize와 Handymax 벌크선들에 대한 수요가 급증했다고 한다.

글로벌 주요 벌크선사 누적 손실액
(2000년말 기준, 단위: USD Millions)

2021년 9월 현재 미국 나스닥에 상장된 해운 회사들의 주가가 52주 신
新 고가高價를 기록하고 있다.

벌크선사인 Safe Bulkers는 0.82달러에서 5.22달러로 올랐고, Diana
Shipping은 1.3달러에서 6.28달러로 올랐으며, Genco Shipping &
Trading은 6.24달러에서 21.01달러로 치솟았다. 컨테이너선사의 경우
52주 최고가는 Euroseas 31.5달러(52주 최저 2.2달러), Global Ship Lease
24.95달러(52주 최저 5.41달러), Costamare 16.58달러(52주 최저 4.97달러), ZIM
60.3달러(52주 최저 11.34달러), Matson 87.99달러(52주 최저 36.78달러), Danaos
89.41달러(52주 최저 5.78달러)를 기록했다.

반면, 이런 상황 속에서도 유조선사는 시황이 좋지 않아 주가가 오르
지 않았다.

알파라이너 자료에 따르면 그리스의 Starbulk사가 1,200개의 빈 컨테이
너와 200개의 화물이 든 컨테이너를 케이프사이즈 벌크선으로 유럽-중

국 간 운반 계약을 맺었다고 한다. 하지만 해당 해운사는 부인했다. 감항성, 안정성, 선급 허가 및 선박 보험 문제 등으로 쉽지 않을 것 같다.MPP는 현재 컨테이너 전용 운반선으로 활용되고 있다. 1990년대에 파나막스 벌크선이 컨테이너를 운반한 적은 있었다. 하지만 해당 선박은 CAST BEAVER, CAST CARIBOU, CAST HUSKY와 같은 Conbulker였다.

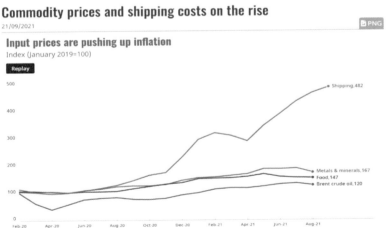

OECD 자료에 따르면 2021년 현재 국제사회에 발생하는 인플레이션의 가장 큰 주범은 해운이다.

2016년은 알 선생이 선박금융 업무를 해 오는 동안 선박금융을 지원하기에 가장 수월한 해였다. 벌크선이나 컨테이너선이나 큰 걱정 없이 선박금융을 지원할 수 있었다. 선가가 역사상 최저점에 머물러 있었기 때문이다. 그때 지원한 모든 선박금융은 대성공이었다. 선가가 몇 배씩 뛰어올라 VTL Covenant도 전혀 문제없었고, 조기상환을 실행했던 덕분에 원리금도 일찍 회수해서 재투자할 수 있었다.

역시 선가가 역사상 최저점에 있을 때 적극적으로 선박금융을 지원해야 한다. 선박투자도 마찬가지다. 거듭 말하지만, 해 뜨기 전 새벽이 가장 어둡다.

Timing is everything!!

3

알 선생의
투자 이야기

평소 알 선생은 선박이나 주식에 투자하려는 사람이라면 반드시 자신만의 투자 철학과 원칙을 가져야 한다고 주장해 왔다.

경제와 부에 관련된 서적을 탐독하다 보면 자본주의와 사회주의에 대한 설명이 나오는 경우가 많다. 크지만 공평하게 나누어지지 않은 케이크와 작지만 공평하게 나누어진 케이크. 전자는 자본주의를, 후자는 사회주의를 비유한다. 나아가 많은 책이 단기간에 부자가 되는 방법을 알려 준다. 첫째는 부자인 배우자를 만나면 되고, 둘째는 좋은 사업 아이템을 성공시키는 것이며, 셋째는 투자를 하라고 말한다.

특히 주식과 관련된 거의 모든 책에는 공통으로 담긴 말이 있다. "심각한 경제 위기에 처했을 때 대대적으로 주식을 매입하고 호경기에 주식을 매각하라." 아주 간단한 말이자 시시한 말이며 누구나 아는 말이다. 그러나 25년간 무수히 많은 실패를 거듭해 온 알 선생은 이 말이 정답이라고 생각한다. 더불어 깨달은 것은 흙수저 중 특별히 주식 투자를 잘 할 수 있는 사람들이 있다면 바로 해양대 출신들이라는 사실이다.

　알 선생은 가난에서 벗어나고자 열심히 살았고, 더 나아가 부자가 되고 싶었다. 「Maslow's Hierarchy of Needs」 그림에서 보자면 회피적 동기가 강했던 것이다. 하지만 기본적인 욕구가 해결된 후에는 점점 나약해졌고 선주라는 꿈과도 멀어지고 있는 내 모습을 발견했다. 돌이켜보면 선주가 되고 싶다는 강한 지향적 동기를 가졌어야 했다는 생각이다. 과거 세대들은 한국 전쟁 이후 극심한 가난에서 벗어나고 싶어 대부분 열심히 사셨다. 즉, 회피적 동기가 충만했다. 그에 반해 극심한 가난을 겪지 않은 요즘 세대들은 길을 잃은 듯하다. 지금은 젊을수록 더욱 지향적 동기가 필요하다고 본다.

　우리나라 「선박투자회사법」에는 선박의 매매 및 용대선에 대한 사업 범위가 명확하게 기술되어 있다. 우리나라에서 합법적으로 선박을 소유

하고 운영하려면, 외항부정기운송, 선박 임대업 등의 사업 면허를 해양수산부로부터 획득해야 한다.

2000년대 중반, 간투법이 자통법으로 흡수될 당시 선투법 또한 자통법에 편입되는 절차를 밟았다. 하지만 해양수산부에서 선투법은 독자적으로 가겠다는 의사를 밝혔고 그 결과, 선투법은 자통법에 흡수되지 않았다. 그래서 이후로도 선박에 대한 투자는 선투법에 의거해 진행되었다. 안타깝게도 금융사 담당자는 계속해서 한곳에 머무는 것이 아니라 순환해야 하다 보니 이러한 역사를 아는 사람들이 대부분 사라져 버렸다.

그렇지만 현재는 자통법으로도 선박펀드가 만들어지고 있다. 자통법 194조 11항에 적시된 조항을 살펴보자. "투자회사의 발기인은 투자회사 재산을 선박에 투자하는 투자회사를 설립하여서는 아니 되며, 투자회사는 설립 후에도 투자회사 재산을 선박에 투자하는 투자회사에 해당하도록 그 투자회사의 정관을 변경하여서는 아니 된다." 자통법상 선박펀드는 해양수산부로부터 어떤 사업 면허 승인을 얻어 선박을 소유하거나 운영할 수 있을지 모르겠다. 아마도 해외 SPC를 통해 업태 제한을 벗어나는 것으로 추정할 뿐이다.

2000년대 후반, 비전문가들이 조성했던 무수히 많은 선박펀드에서 부실이 발생했고, 그로 인해 많은 투자자가 막대한 손실을 보았던 일은 절대 잊을 수 없을 정도로 커다란 사건이다. 이후 개인 투자자들은 선박펀드에서 완전히 떠나 버렸다. 그 막대한 손실 때문에 몇몇 책임감 있고 양심 있는 펀드매니저들이 자살로 생을 마감하는 것을 옆에서 지켜보기도 했다. 그러한 역사가 있었던 만큼 해양수산부는 국내에서 조성된 모든 선박펀드를 파악하고 있어야 한다고 본다. 그에 더해 「선박투자회사법」을 대대적으로 개정함으로써 다수의 참여자가 선박펀드를 자유롭게 구성할 수 있도록 구조적 제한을 풀어야 한다.

2.　　　　　　　　　　　　　　　　　　　　　　　　M&A 관련

알 선생이 1990년대 후반 백여만 원을 주고 산 흑백 스크린이 장착된 삼성 애니콜은 정말 무거웠다. 당시 일본 소니는 컬러 스크린에 가벼운 핸드폰을 만들어 팔고 있었다. 알 선생이 영국에서 유학하던 시절에는 거의 모든 학생이 노키아 핸드폰을 사용하고 있었다. 그런 위상을 지녔던 소니와 노키아 핸드폰은 시간이 지난 지금, 시장에서 사라졌다.

2000년대까지만 해도 한진해운이 망할 거라는 생각은 단 한 번도 해본 적이 없었다. 꿈도 꿀 수 없는 이야기였다. 우리나라 수출입 물동량의 98% 이상이 상선을 통해서 이루어지기 때문이었다. 한진해운의 선박금융 조달금리도 L+50bps 수준이었다. 그런 한진해운이 지구상에서 사라졌다.

기업들은 경쟁에 필요한 Capabilities를 자체적으로 발전시키기 어렵거나, Capabilities를 확보하는 데 소요되는 시간을 단축하고자 M&A를 시도한다. 그로써 필요한 Capabilities를 얻어 새로운 전략과 상품을 개발한다. 학자들은 이를 Dynamic Capabilities로 정의했고, 대표적 기업으로 삼성전자를 거론한다.

MBA 수업에서였던 것 같다. M&A 전문 교수가 M&A보다는 Joint Venture가 성공할 확률이 높다고 주장했던 것이 기억난다. 이유는 Due Diligence를 오랜 시간 할 수 있어 Risk를 줄일 수 있기 때문이라고 했다. 실제로 내부 정보가 없다면 해당 기업이 품고 있는 심각한 문제점이나 실제 부채 규모 등을 알기 어렵다. 당시 교수는 M&A 사례 중 대부분이 Acquisition이고, Merger는 소수일 뿐이며, 전 세계적으로 기업 간 M&A는 계속 증가하는 추세라고 알려 주었다.

Economic and/or financial motives
- Increase profitability
- Tax efficiency
- Risk-spreading
- Create shareholder value
- Economies of Scale
- Economies of Scope
- Cost Reduction

Personal motives
- Personal Ambition
- Managerial hubris
- Enhance managerial prestige
- Increase remuneration through increased sales or profitability
- Bandwagon effect/mimetic behaviour

Strategic motives
- Extension in a new geographic market
- Develop capabilities
- Stretch capabilities
- Pursuit of market power
- Increase bargaining power against suppliers
- Acquisition of a competitor
- Create barriers to enter an industry
- Access to new technologies

출처 SUMS MBA paper

CEO들은 개인적 야심, 몸값 올리기, 명성 쌓기 등의 이유로도 M&A를 실행한다고 알려 주었다. 일부 해양대 선배 CEO 중 나름 견실하게 해운 기업을 운영하다가 어느 순간 주제 파악을 못 하고 회사를 말아먹는 분들이 아마도 그런 케이스였을 것 같다. 물론 월급쟁이인 알 선생에 비하면 훨씬 훌륭하신 분들이다. 하지만 과한 욕심과 질투는 훌륭한 사람들의 눈도 멀게 한다. 그런 분들은 본인보다 후배 CEO들의 회사 규모가 크거나, 더 많은 선박을 보유하는 것을 용납하지 못하셨다. 그래서 선박 투기 대열에 합류하는 경우가 많았다.

당연한 결과였지만 급하게 선복을 확대해서 회사를 키우면 반드시 몰락했다. 나름 견실하게 한 척, 한 척 선박을 확보해 가면 좋았을 텐데, 한꺼번에 와르르 무너지는 모습을 보면서 가슴이 아팠다. 후배들이 잘나가는 모습이 그렇게도 배가 아프셨을까. 알 선생 입장에서는 단 한 척의 선박만이라도 있었다면 더는 바랄 것이 없었을 때였으니 말이다.

일정 이상의 부를 확보하고 나면 더욱 많은 욕심이 생기고 더 자극적인 목표를 찾는다고 한다. 그런 점에서 보면 선배들의 판단과 행위는 자연스러운 것인지도 모른다. 알 선생은 아직 그 부분을 이해하지 못한다. 선주가 되어 보지 못했으니까.

어쨌든 알 선생은 중소 해운 기업의 S&P, 채터링, 선박금융 관련 Capabilities는 훌륭한 인재 영입을 통해서 확보할 수 있다고 생각한다. M&A까지는 필요 없다고 생각한다. 해운과 금융은 결국 사람이라고 믿는다. 따라서 전문 지식과 경험이 풍부한 진정한 고수를 찾아서 영입해야 한다. 시장에는 삼갑자의 내공을 가진 진정한 고수들이 분명 존재한다. 그들은 오늘도 여전히 부당한 대우를 받고 착취를 당한 채 그저 마약 같은 월급에 취해 하루하루를 살아가고 있다.

모수의 비밀 그리고 선취 용선료

얼마 전 모 국회의원 아들이 퇴직금으로 50억을 받았던 사건이 이슈였다. 해당 투자와 관련하여 투자자들은 불과 몇천만 원을 투자해서 수백억을 벌었다고 한다. 가능한 일일까? 충분히 가능하다! 운용사는 투입되는 투자 자금을 이용하여 중간에서 막대한 수익을 올릴 수 있기 때문이다. 알 선생도 민간 운용사에 재직했을 때 이러한 상품들을 구성한 적이 있다. 투자자에게는 약정된 투자 수익만 주면 되기 때문에, 중간에서 선취하는 용선료를 일정 기간 운용하여 운용 수익을 극대화하고, 나머지 수익은 운용사가 챙기면 된다. 노르웨이의 KS펀드 운용사도 이러한 구조를 자주 사용한다.

다시 말하면, 해운사로부터 용선료를 선취하여 최대한 운용을 한 후에 투자자에게는 약정된 수익금만 배당하는 선박펀드 구조를 만들면 된다. 중간에 환율과 이자율 차이를 이용하여 수익을 크게 높이는 방식으로 레버리지 효과를 극대화하는 것이다. 즉, 여러 척의 선박을 묶어서 자금 규모가 큰 펀드를 구성해 레버리지Leverage를 극대화함으로써 투자 자본을 최소화하면서 높은 투자 수익률을 거두는 것이다.

예를 들어보자. 먼저 용선료를 전체 투입 자금 100%에 대해 책정한다. 해당 용선료를 선취하면 대출금 90%에 대해 선취로 받은 용선료는 3개월 내지 6개월 후급으로 원금 및 이자가 대출 기관에 상환된다. 운용사는 선취받은 전체 용선료를 일정 기간 운용해 수익을 내면서 대출 원금과 이자만 대출 기관에 상환한다. 그 과정에서 투자자에게는 약정된 배당금만 주면 되고, 나머지 금액은 운용사가 챙긴다.

운용사 PM은 운용 수익에 대한 인센티브를 챙길 수 있지만 그건 어디까지나 사장을 잘 만났을 때 이야기이다. 해운사가 망해도 손실은 대출기관들과 투자자들이 짊어지고, 운용사는 손실을 보지 않는다. 그래서 운용사는 무조건 규모가 큰 펀드를 많이 조성해야 한다. Moral Hazard가 여기에서 발생한다. 결론은 펀드 규모 즉, 모수가 커야 한다. 모수가 얼마나 크냐에 따라 투자 수익률이 달라지기 때문이다.

4.   책 속의 투자 이야기

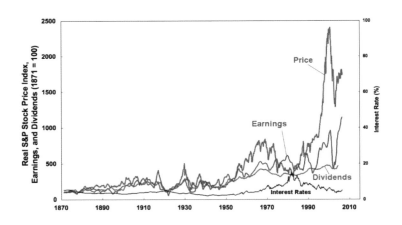

행동재무학자 로버트 쉴러Robert Shiller 교수는 여러 가지 데이터를 근거로 주식 가격이란 기업의 수익 규모와는 다르게 큰 폭으로 오르거나

큰 폭으로 내린다는 사실을 밝혀냈다. 즉, '인간의 심리'가 주식 시장을 좌우한다는 것이다. 주식 시장과 부동산 시장의 급등은 비이성적 과열 Irrational Exuberance이 작동한 결과인 셈이다.

알 선생은 1997년부터 주식 투자를 시작했다. MOC에서 실습항해사로 근무하면서 받은 실습 수당 약 1,500불을 1,998원에 환전하여 생애 첫 주식을 샀다. 2000년대에는 부자가 되고 싶어 주식 관련 서적만 100여 권 넘게 읽었다. 주식 관련 책을 탐닉하다 보면 피가 끓어오른다. 투자에 대한 지식이 쌓이고 돈을 사랑하게 된다. 이는 선주가 되는 데 많은 도움이 된다. 투자 관련 서적을 읽고 또 읽으면 선주가 될 확률도 그만큼 높아진다. 독서야말로 투기꾼이 아닌 현명한 투자가가 되는 데 도움이 된다고 확신한다.

알 선생이 읽었던 책 중에는 세계 제일의 주식 부자라는 워런 버핏의 책도 있었다. 하지만 도대체 무슨 소리인지 이해할 수 없었다. 여러 번 거듭해서 읽고 또 읽었지만, 가슴에 와닿는 내용은 없었다. 지식의 수준이 낮아 고수의 가르침을 이해하지 못했던 것일까.

수많은 주식 투자 서적 중 그나마 알 선생이 이해할 수 있었던 서적은 André Kostolany의 투자총서였다. Kostolany는 행동재무학자들이 주장하는 바를 주식 시장에 적용했다. 알 선생이 판단하기에 Kostolany는 세계 최고의 행동재무학자 중 한 명이었다고 생각한다.

25년간 주식 투자를 하면서 나름대로 정리했던 알 선생의 생각들이 코스톨라니의 책에 있었다. 알 선생은 너무 신기했고 그의 책을 손에서 놓을 수가 없었다. 대표적인 내용을 몇 가지 나열해 보겠다.

 첫 번째는 개미들의 주식 시장 회귀였다. 투자한 주식 가격이 폭락하여 막대한 투자 손실을 본 알 선생의 주변 투자자들은 두 번 다시 주식 투자를 하면 본인들의 성을 갈겠다고 해 놓고 세월이 지나서 보면 다시금 주식에 투자하고 있었다. 코스톨라니도 그의 책에서 실패한 투자자들이 두 번 다시 주식 투자를 안 한다고 떠들지만, 그들은 시간이 지나 다시 주식 투자를 한다고 적시했다.

 두 번째는 유동성과 심리에 관한 관점이었다. 알 선생은 주식 시장이 유동성과 투자자들의 심리에 의해서 움직인다고 느꼈다. 동네 아주머니들과 주변 회사 동료들이 주식에 투자하고 일상에서 주식 투자에 관한 이야기를 할 때면 주식 시장은 호황이었다. 코스톨라니도 저서에서 주식 시세는 돈과 심리에 의해서 움직인다고 언급했다. 특히 심리학이 주식 시장의 90%를 결정한다고 주장했다. 그는 주식 투자자들에게 가장 좋은 공부는 대중 심리학이라고 말했다. 또한, 주식 시장의 시세나 추세를 학문적 방법으로 예측하고자 하는 사람들이 있으면 그들은 사기꾼이나 바보라고 강조했다.

 세 번째는 경기 순환에 반대로 행동해야 한다는 점이다. 알 선생은 주식이든 해운이든 경기 역행적 투자를 해야 한다고 생각한다. 선가가 폭등한 시점에 선박투자나 선박금융을 진행하는 것은 정말 신중히 고려해야 한다. 코스톨라니는 모두가 비관적인데 혼자 낙관적이기 힘들고, 반대로 모두 하늘을 찌를 듯 흥겨워하고 있는데 혼자 비관적이기는 매우 힘들다고 언급했다. 하지만 가장 큰 성공의 열쇠는 바로 추세와 반대로 행동하는 것이라고 강조했다.

마지막으로 해운과 주식 시장 모두 버블 뒤에는 대폭락이 온다는 사실이다. 알 선생이 경험한 바에 따르면 주식 시장이든지 해운 시장이든지 버블 뒤에는 대폭락이 왔었다. 코스톨라니의 책에서 보면 번성기에 붉은 풍선처럼 부풀어 오르고 결국에는 그것을 터뜨리는 바늘이 나타난다고 적시했고, 그것은 영원불변의 법칙이라고 주장했다. 붐 없는 폭락 없고, 또한 폭락 없이는 붐도 없다고 강조했다.

선박에 투자하기를 원하는 사람이라면 코스톨라니의 책을 일독하시길 권한다. 많은 교훈과 영감을 얻을 수 있을 것이다.

아이작 뉴턴이 말했다. "나는 천체의 움직임은 계산할 수 있어도 인간의 광기는 계산할 수 없다."

5.   주식 투자와 알 선생

2002년 N 대통령 후보와 J 회장이 대통령 후보 단일화에 합의했지만, 선거 전날 J 회장이 일방적으로 단일화를 파기했다. 그 당시 알 선생은 H 조선 주식을 주당 15,000원에 매입해 보유하고 있었다. 이후 N 대통령 후보가 대통령에 당선되자 정치적 보복이 걱정되어 해당 주식을 주당 18,000원에 매각했다. 그러나 정치 보복 따위는 없었고, H 조선 주가는 이후 55만 원까지 올랐다. 해당 주식이 10만 원이던 시절, 선박펀드 자금 조달 때문에 만났던 일부 돈이 많은 아주머니들은 H 조선의 주가가 40만 원까지 갈 것이리라 믿었다. 당시까지만 해도 알 선생은 속으로 어리석고 미친 소리라고 치부했는데, 주가는 실제로 50만 원대까지 갔다. 아줌마들의 힘은 위대했다.

주식은 누군가 끊임없이 사 주어야 주식의 가격이 오른다. 회사의 경영 실적이 아무리 좋다고 해도 그 회사의 주식을 사 주는 사람이 없다면 주식의 가격은 오르지 않는다. 사람들이 끊임없이 주식을 사 주어야 주식 가격은 오른다. 결국, 주식 투자는 심리 싸움이다. 주식의 가격 상승은 회사의 경영 실적이나 호재보다는 주식을 사 주는 사람들의 자본 규모와 심리에 좌우되는 게 현실이다.

1997년부터 2011년까지 알 선생은 주식을 매입했다가 30% 정도의 수익을 올리면 해당 주식을 처분하고 이익을 실현했다. 그러나 해당 주식들은 시간이 지나 수십 배로 폭등했다. 현대중공업 주식을 15,000원에 사서 18,000원에 팔았더니 55만 원까지 올랐으며, 현대상선을 800원에 사서 1,300원에 팔았더니 33만 원이 되었다. 반대로 몇몇 주식은 상장폐지가 되기도 했다. 큰돈을 벌고 싶었던 알 선생은 그래서 2010년대에 들어서면서 주식 투자 전략을 장기투자로 바꾸었다.

2012년 알 선생은 박사 과정 2년 차로 고단한 주말 생활을 하고 있었다. 토요일 새벽이면 부산으로 향했고, 부산 끝에 자리한 해양대에서 저녁까지 수업을 들었다. K사 입사 동기이자 지금은 처장님이 되신 C 처장님도 마찬가지였다. 미국에서 학부와 MBA를 졸업하시고, 외국계 은행에서 오랫동안 근무한 후 K사로 입사하신 유능한 M&A 전문가인 C 처장님은 알 선생의 꼬임에 넘어가셔서 해양대 박사 과정을 함께 시작하셨다.

처장님과 알 선생은 매주 토요일 새벽마다 서울역에서 만나 부산행 KTX에 함께 몸을 실었다. 그러던 중 하루는 처장님께서 형수님의 주식 포트폴리오에 대해 말씀해 주셨다. 알 선생은 그중 한 종목인 L사 주식 매입을 두고 많은 고심을 했다. 해당 종목은 평소 알 선생 역시 매입을 고민하던 주식 종목이었기 때문이다. 가입자 수가 통신 3사 중 가장 적었으나 4G/LTE 전환 시 기존 장비에 관련된 상각 비용이 가장 적었고, 신규 스마트폰 구매 시 소비자들의 번호 이동을 고려할 때 차후 성장 가능성이 큰 회사였기 때문이다. 당시 알 선생은 반전세에 살고 있었고 마이너스 통장도 목까지 차 있었다. 그래서 두려움도 있었지만, 주식 투자라도 해야 미래가 있다고 판단했기에 마이너스 통장에서 6백여만 원을 꺼내 L사 주식을 샀다.

알 선생의 투자는 성공적이었다. 6,000원대에 매입했던 주식은 14,000원대까지 올랐다. 그 후 계속해서 하락했으나 다시 18,700원대까지 올랐고, 현재는 14,000원대이다. 그리고 매년 2분기가 되면 적지 않은 배당금을 나누어 주는 만큼 배당 수익도 쏠쏠한 편이다.

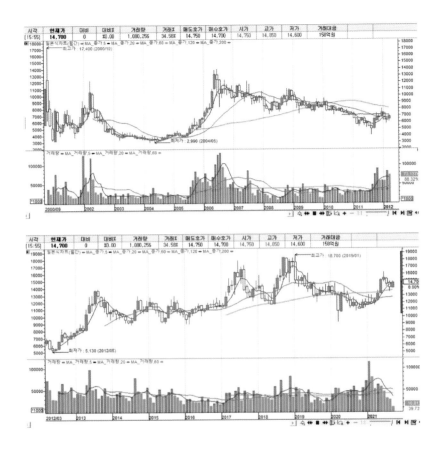

　　L사는 계속해서 매년 주당 400원의 배당금을 주었으며, 올 초에는 주당 450원의 배당금을 주었고, 앞으로는 반기별 배당도 실행한다. 10여 년이 주식을 가지고 있다 보니 현재는 무조건 믿음이 가는 알 선생의 최애 주식이 되었다. 다만 아쉬움이 있다면 투자 자본이 없어 2012년에 1,500주밖에 매입을 못 했다는 점이다. 만약 알 선생이 해양대 졸업 후 꾸준히 항해사로 승선해서 돈을 모아 10억 원으로 L사 주식을 매입했다면 어떤 결과가 나왔을까? 매년 7,500만 원의 배당금을 받을 수 있었으며 순자산

은 25억으로 늘어났을 것이다. 선박이나 주식이나 역시 자본이 중요하다.

이 주식은 COVID-19 발생 후 9,000원까지 하락했다. 회사의 실적은 더 좋아졌는데, 주가는 폭락했다. 행동재무학자들이 언급하고 Kostolany가 주장한 인간의 심리가 시장을 지배했다. 무조건 사면 매년 배당도 받고 주가도 오를 것을 알았지만 알 선생은 몇 푼 안 되는 마이너스 통장 자본으로 투자 종목을 선택해야 했고, 알 선생은 결국 L사 주식 대신 H사 주식을 추가 매입했다. 유학을 가지 않고 계속 승선했더라면 풍부한 투자 자본으로 부자가 될 기회를 잡을 수 있었을 것이라는 쓸데없는 푸념도 들었다.

25년간의 주식 투자 경험과 L사 주식을 10여 년 소유해 온 경험은 알 선생에게 투자할 타이밍을 알게 해 주었다. 독서를 통해 꾸준히 지식을 습득하고 지속해서 주식 투자를 해 온 경험 덕분이다. 투기꾼이 아닌 투자자가 되어 가고 있는 것 같다.

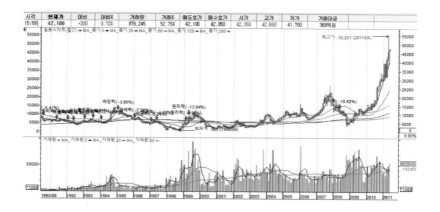

물론 그간 투자 과정에서 수십 배 폭등했던 주식들도 많이 보았다. 하지만 그런 주식은 나의 주식이 아니라고 생각한다. 투자 경험과 자본 그리고 인내만이 결국 여러분을 부자로 만들어 준다는 것을 잊지 말자.

2011년 어느 날 S 은행에 다니는 좋아하는 후배 Y 과장과 통화를 하던 중 Y 과장이 태양광 관련 주식인 H사 주식을 매입했다고 밝혔다. 태양광이나 풍력 등 대체 에너지 분야는 알 선생이 외국계 S 은행에 근무할 당시 담당했던 업무였기에, 앞으로 매우 전망이 좋다는 사실을 인지하고 있었다. 통화를 끊고 나서 알 선생은 잠깐 고민을 하다가 H사 주식을 100여 주 매입했다. 그러나 약 4만 원에 매입했던 주식은 계속해서 하락했다. 그렇지만 태양광 주식에 대한 믿음이 있어서 돈이 생길 때마다 물타기를 했다. 하지만 주가는 계속해서 더 밑으로 빠졌다. 결국, 알 선생도 물타기를 포기했는데, 당시까지 알 선생의 H사 주식 평균 매입가는 2만 원대까지 내려간 상태였다. 이 이상의 주식 매입은 포기하고 주가가 오르길 기다리며 9년을 보냈다. 9년! 그 와중에 COVID-19 사태가 터졌고, 주가는 더 하락해 9천 원대까지 주저앉았다.

행동재무학에 언급된 가용성 휴리스틱Availability Heuristic과 앵커링 효과Anchoring Effect가 곧바로 알 선생을 움직였다. 급히 마이너스 통장에서 돈을 긁어 주식을 추가 매입했다. 이후 예상보다 빠르게 주가는 반등했고, 알 선생은 4만 원대에 보유한 주식 전량을 처분해 투자금 대비 약 2.5배의 수익을 올렸다. 물론 워낙 투자금이 빈약해서 벌어들인 수익은 천만 원이 조금 넘었을 뿐이었고 고스란히 마이너스 통장 일부를 갚는 데 사용해야 했다.

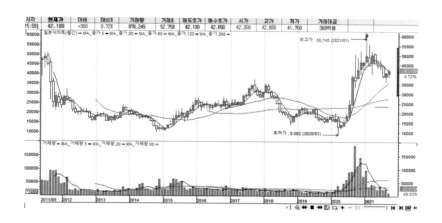

　단기간 내로 망하지 않는 주식이라면 계속해서 오르내림이 지속하며 외부 충격으로 인한 저점이 한두 차례 정도 반드시 온다. 그때 투자를 하면 성공할 수밖에 없다. 그래서 투자 자본이 중요하며 해기사들이 주식 투자에 유리하다고 보는 것이다. 소량의 투자금으로 평소 관심 있는 종목들에 분산 투자를 하고 꾸준히 증권사에서 제공하는 주식 리포트를 읽으며 해당 회사가 망하지 않을 가능성만 확인하자. 차후 외부 충격으로 주식 시장이 붕괴하여 주가가 폭락할 때 성장성과 안정성이 검증된 주식 종목을 선택해 대량 매집한다면 무조건 돈을 벌 수밖에 없다. 주식 시장은 심리로 움직이고, 계속해서 누군가는 돈을 들고 시장에 진입하기 때문이다. 결국, 주식 투자는 자본, 타이밍, 인내 그리고 신념의 싸움인데, 그런 점에서 흙수저 중 주식 투자에 관하여 최고의 조건을 가진 이들 중 한 부류가 해기사들이 아닐까.

　물론 주식 투자는 정말이지 조심해야 한다. 그래서 장기간 관심이 있는 주식을 살펴야 한다. 10만 원대에 머물던 주식이 5만 원대까지 하락했다는 이유로 매입했지만, 주가가 3만 원까지 폭락할 수 있다. 또 3만 원이 바닥이라고 여겨 매입했는데, 1만 원까지 더 폭락할 수도 있다. 따라서 반드시 장기간 관심 기업의 경영 상태 및 사업 전망을 꼼꼼히 살펴봐야 한다.

Kostolany는 개와 산책을 하면 개는 앞으로 가든지 뒤로 가든지 주인에게서 멀어지지만, 언젠가는 결국 다시 주인에게 돌아온다며 주식시장도 개와 마찬가지라고 주장했다. 알 선생도 동의한다. 선박도 주식도 투자 기회는 언제든 있다. 투자 시기가 관건일 뿐이다. *Timing is everything!!*

6.   Frauds, Thieves and Other Scum

흙수저 인생은 어떻게 해서든 그 환경에서 빨리 벗어나야 한다. 벗어날 방법은 여러 가지가 있겠으나 알 선생은 여러 가지 방법 중에 상선에 승선하는 것을 추천한다. 자세한 내용은 이전에 출간된 알 선생의 『선박 금융 이야기』를 참고하기 바란다.

밑바닥 인생은 주위 환경 때문에 일이나 공부에 매진하기 어렵다. 끊임없이 주위 사람들이 문제를 일으키거나, 여러 경제적인 위험에 노출되는 바람에 그것에 신경과 에너지를 쓸 수밖에 없기 때문이다. 그러한 상황들을 해결하기 위해서는 시간, 노력, 무엇보다 돈이 필요하다. 하지만 돈이 늘 부족하기 때문에 극심한 스트레스와 감정 소모를 겪고 만다. 밑바닥 인생을 경험한 사람이라면 공감할 것이다. 오늘도 흙수저들은 '인생은 고행'이라는 말을 피부로 절감하며 살고 있다.

알 선생도 부모님이 돌아가신 후 상속 포기를 신청하고 나서야 어느 정도 그 늪에서 벗어날 수 있었고, 비로소 온전히 나에게 에너지를 집중할 수 있었다. 돌이켜보면 결국 해결의 단초는 사람이었다는 생각이 든다. 문제 상황에 엮인 사람들로부터라도 벗어나야 뭔가 돌파구를 마련할 수 있는 것 같다. 그런 면에서도 알 선생은 승선이 좋은 해결책이 될 수 있다고 본다.

독서를 통한 수양도 중요하다. 끊임없는 독서 속에서 사색과 고민을 통해 성장 과정에서 체득한 나쁜 성격과 언행, 사고방식, 가치관 등을 파악해 개선하고자 노력해야 한다. 물론 쉽지는 않을 것이다. 그러나 개선하지 못하면 밑바닥 인생에서 벗어나기 쉽지 않다. 좋은 책을 많이 읽다 보면 소크라테스의 "너 자신을 알라"라는 말이 이해될 것이다. 본인에게 아무런 문제가 없다고 생각하는 사람들은 정말이지 답이 없다. 주위를 보면 남은 쉽게 비난하지만, 정작 본인에게는 얼마나 문제가 많은지 모르는 사람들이 제법 많다. 그런 사람이 되지 않도록 늘 책을 가까이 두어야 한다.

흙수저 출신 해양대생이 육상에서 직장 생활을 하다 보면 항상 돈에 쪼들리게 되어 있다. 절약해서 조금이나마 돈을 모으면 전셋값이 올라 모은 돈에 추가 대출까지 받아 집주인에게 상납해야 한다. 아니면 차를 사는 데 쓰거나 대출금을 갚는 데 또 돈을 써야 한다.

알 선생도 아파트 모기지 대출은 물론 신용 대출에 마이너스 통장까지 사용하다 보니 달마다 나가는 이자액이 상당했다. 경제적 자립을 위해서는 무조건 투자를 해야 한다고는 생각했지만, 투자할 자금이라고 해 봤자 마이너스 통장에서 빼낸 몇백만 원이 전부였다. 그러다 보니 두 배 내지 세 배의 매매 차익을 거둬도 그 액수는 고작 1~2천만 원이었다. 그나마 번 돈도 고스란히 은행 이자와 대출 상환금으로 나갔다.

문제는 주식을 낮은 가격에 매입해 수익을 올리고 매각하는 시점까지 걸리는 시간이다. 보유 기간이 길어지면 여타의 많은 기회를 잡기 어렵다. 그렇기에 기회가 왔을 때 충분한 자금이 마련되어 있어야 한다. 오랜 기간 주식에 투자하다 보면 투자 종목에 대해 어느 정도 확신을 가질 수 있고 몇 번의 저가 매수 타이밍을 만날 수 있다. 하지만 역시 문제는 자본력이다. 주식 투자나 선박투자나 가장 중요한 것은 자본이다.

알 선생이 승선을 권하는 것도 그래서이다. 승선해서 돈을 벌다 보면 자본력이 생긴다. 육상에서 겪는 직장 생활과는 달리 해기사들은 가용 자금이 풍부하다. 그렇기에 개인적인 견해로는 흙수저 출신 중 해기사들이 투자에 성공할 확률이 높다. 이에 대해서는 알 선생의 『선박금융 이야기』편에서도 언급한 바 있다. 알 선생에게도 25년간 주식 투자를 하면서 눈에 보였던 확실한 투자 기회가 5~6번 정도 있었다.

가장 최근의 기회는 COVID-19로 인해 찾아왔다. 폭락했던 주가가 회복되고 추가 상승을 한 덕에 많은 투자자가 KOSPI200 인덱스펀드에 돈을 넣기만 했어도 최소 두 배의 수익은 올렸을 것이다. 알 선생도 이때 돈을 벌기는 했으나 자본력이 취약한 탓에 겨우 1~2천만 원을 벌었다. 물론 상승 폭이 훨씬 컸던 주식에 투자하여 더 많은 돈을 벌 수도 있었다. 하지만 알 선생은 투자에서만큼은 매우 보수적이어서 투기적인 성향이 짙은 투자는 절대 하지 않는다는 원칙을 갖고 있다. 과거 몇 차례 상장폐지 종목을 보유하긴 했어도 전체 포트폴리오를 살펴보았을 때 이제껏 주식 투자로 손실을 본 적이 없었던 것도 그 원칙을 지켰던 덕분이었다. 현재도 그 원칙은 지켜지고 있고, 꾸준히 주식 투자로 수익을 올려 오고 있다.

알 선생이 경험한 바에 비추어보면, 주식에 투자해서 40~50배의 수익을 올리는 것은 거의 불가능하거나 매우 어려운 일이다. 반면 2~3배의 수익을 올리는 것은 불가능한 일이 아니다. 자주 기회가 왔던 것은 아니지만 25년의 주식 투자 기간 중 5~6번의 확실한 투자 기회를 알아차릴 수 있었고, 30% 정도의 수익률을 거두는 것은 그다지 어려운 일도 아니었다. 핵심은 자본이었다. 1천만 원을 투자해 30%의 수익을 올려 봐야 3백만 원이다. 하지만 10억을 투자해 30% 수익을 올리면 3억이다.

해양대생들이 장기 승선을 해서 자본을 축적해야 하는 이유가 바로 여기에 있다. 흙수저 출신이 육상에서 일개미로 살아서는 노예 생활을 청산하기 쉽지 않다. 자본력을 바탕으로 기다릴 줄 아는 인내심만 있다면 큰돈을 벌 수 있다.

물론 아무리 말을 해 줘 봐야 실제로 실행에 옮기는 이는 매우 적을 것이다. 하지만 단 몇 명의 해양대 후배라도 이 책을 보고 노예의 길을 선택하지 않았으면 한다. 승선해서 번 돈으로 선주가 되었으면 좋겠다. 주식투자나 선박투자나 그 성공 원리는 같다는 것을 알 선생은 이제야 깨우쳤다. 해양대 후배들은 그렇지 않기를 바라는 마음이다.

We can be a shipowner!

8.　　　　　　　　　　　　선원은 선주가 되어야 한다

선박금융 업무를 하다 보면 어처구니없는 광경을 가끔 목격한다. 시장에서 중소 해운사는 철저히 약자다. 선박금융 조달이 쉽지 않기 때문이다. 그러다 보니 금융 기관의 일부 선박금융 담당자들이 중소 해운사 선주님들을 함부로 대하며 갑질을 하는 경우가 있다.

깊게 생각해 봐야 할 문제다. 누구 덕분에 먹고 사는지를 되짚어봐야 한다. 갑은 선주님들이다. 선주님들도 선주라는 자존심이 있다. 선박금융 조달이 절박한 중소형 선주들에게 갑질을 하고 무시를 하는 금융 기관이나 금융 기관 담당자들은 블랙리스트에 올려 선박금융 시장에서 퇴출해야 한다. 시장 지배력을 갖춘 소수의 선주보다는 다수의 다양한 소규모 선주들로 구성된 해운 생태계가 더 건강하다고 믿기 때문이다. 물론 대형 오퍼레이터는 필요하다. 하지만 1~2척의 선박을 보유한 다양한 소형 선주들로 구성된 해운 생태계가 되어야 바람직하다.

해운 회사의 핵심 자산은 선박이고, 핵심 인재는 선원이다. 그렇기에 선주와 선원이 홀대받는 일이란 있어서는 안 된다. 물론 알 선생의 주장은 이루기 어려운 이상일 수 있다. 국가의 주인이 국민임에도 정치인들로부터 국민으로 대접받는 때는 선거철뿐인 것처럼 말이다. 씁쓸하다.

이 문제와 관련하여 알 선생은 해양대 교육도 바뀌어야 한다고 생각한다. 해상과 육상의 일개미 양성도 중요하지만, 선주 양성 교육을 통하여 더 많은 선주를 배출하여 유관 산업을 더 건강하게 만드는 데 기여할 필요가 있다. 대형 선주가 아닌 다수의 소형 선주들이 주도하여 선박 관리, 선박 브로커, 선박금융 등으로 이어지는 건강한 해운 생태계를 만들어가야 한다. 지금과 달리 오히려 소형 선주들이 선박 관리 회사, 선박 브로커, 선박금융들을 경쟁시켜야 한다. 그렇게 되면 자연스럽게 다수의 유관 일자리가 창출되고, 선주가 되지 못한 해양대 졸업생들도 선주는 못 되어도 선박 브로커, 선박금융 전문가가 되어 선주에게 더욱더 좋은 서비스를 제공하며 월급을 받을 수 있다. 해양대가 그런 생태계를 구축하는 선도 교육 기관이 되었으면 한다.

공무원, 공기업 및 대기업에 합격해 입사하는 직원들의 연령대를 보면

30대 초반이 제법 많다. 대학교 졸업, 자격증 준비 기간, 어학연수와 취업 준비생 기간 등을 거치기 때문이다. 그래도 그 정도 나이에 취업이 되면 빠른 편이다. 하지만 취업이 곧 성공은 아니다. 대리, 과장, 차장, 부장들이 주는 눈치와 스트레스를 겪으며 회사 생활을 해도 연봉은 기껏 3~4천만 원에 불과하다. 그마저 월세, 관리비, 식대, 품위 유지비, 자기계발비, 경조사 비용 등으로 지출이 이어지다 보면 1년에 천만 원 모으기도 벅차다.

반면 해양대학교 졸업생들의 경우 30대 초반에 선장이나 기관장이 되면 1억 이상의 연봉을 받게 되며, 그 돈은 고스란히 통장에 쌓인다. 물론 그 대가로 젊음과 자유를 포기해야 한다. 하지만 단기간 내에 투자를 위한 자본을 확보할 수 있다. 30대 후반이 될 때까지 승선을 계속한 해양대생들이라면 10억 이상을 모을 수 있다. 완벽한 경제적 자립을 할 것인가, 평생 돈의 노예로 살 것인가? 물론 이는 개인에게 주어진 선택의 문제이다. 하지만 꼭 기억하자. 남과 다르게 살고 싶다면 남과 다른 선택을 해야 한다. 그게 인생이다.

투자 자본을 확보한 후 적절한 타이밍에 선박을 구매해 선주가 되면 브로커, 선박금융 전문가, 회계사들에게서 서비스를 받을 수 있고 그들에게 월급을 주는 위치에 서게 된다. 그래서 갑과 을이 뒤바뀐 현재 생태계는 문제가 많으며, 빠른 시일 내로 갑과 을의 위치가 정상적으로 돌아와야 한다. 물론 이 말은 선주가 되어 갑질을 하라는 소리가 아니다. 해양대 후배들이 그 정도로 어리석지는 않을 것이라고 믿는다.

다시 한번 강조하지만, 선박을 한두 척 소유한 절대다수의 소형 선주들이 생태계를 좌우해야 한다. 그들이 선박 관리사, 브로킹 회사, 금융사들을 경쟁시켜야 건강한 생태계가 만들어진다. 더불어 해양대 졸업생들과 선원들이 갈 곳도 많아진다. 꿈꿔라, 해양대 후배들이여. 선주가 되기를!

9.   선주 사업과 유관 기관

10여 년 전, 해양대학교에서 박사 과정을 진행하면서 플랫폼의 중요성을 인지했었다. 그 당시 한 교수님께서는 배달 업체의 중요성을 자세히 설명해 주셨다. 좋은 사업 아이템이 될 것 같다는 생각을 했었는데, 10여 년이 지난 지금 '배달의 민족'과 '우버'는 대세가 되었다.

소형 선주사들은 자본과 인력 면에서 경쟁력을 갖추기 어렵다. 그렇기에 선박 관리 회사나 다른 기타 자문사들이 플랫폼 역할을 해 주어야 한다고 알 선생은 생각한다. 예를 들어 SM사들은 선원 및 선박 관리 서비스뿐만 아니라 환경 규제와 관련된 내용도 조언 및 관리를 해 주어야 하고, 선박 보험과 관련된 서비스들도 소형 선주사들에 제공해 주도록 노력해야 한다고 본다.

'배달의 민족'을 이용하여 소규모 배달 전문 음식점들이 성장하였듯이 선박 관리 회사나 각종 자문사가 플랫폼 역할을 하면서 경쟁력 있는 서비스를 제공해 준다면 국내 소형 선주 사업은 발전하고, 활성화될 것이며, 이는 건강한 해운 생태계 조성에 큰 도움이 될 것이다.

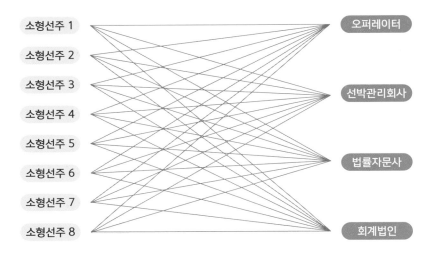

부산 중앙동의 전성시대가 다시 올 것이라고 알 선생은 믿고 싶다. 그러기 위해서는 기존 기득권들이 생각을 바꾸고 기득권을 내려놔야 한다. 인사를 공정하게 하고, 인성에 문제가 있는 선원들을 퇴출한다면 장기 승선하는 후배들이 늘어날 것이라고 알 선생은 확신한다. 우리는 알고 있다. 해기사 후배들이 상선을 떠나는 주요 원인 중 하나가 꼰대 선배들의 갑질과 폭력이라는 사실을!

소형 선주사가 늘어날수록 해기사 후배들의 선택지는 늘어날 수 있다. 변호사, 회계사, 브로커, 선박금융 전문가 등의 수요가 늘어날 수밖에 없다고 생각한다. 소수의 기득권이 선점해서 부를 독식하는 구조가 아닌 경쟁과 분산을 통해 더 나은 서비스가 제공되고, 부가 분산되는 효과가 발생할 것이다.

If you want to build a ship, don't drum up the men to gather wood, divide the work, and give orders. Instead, teach them to yearn for the vast and endless sea (Antoine de Saint-Exupéry).

10.   선박금융과 금융 기관

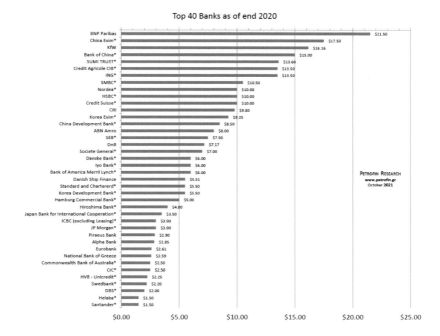

Top 40 Banks as of end 2020

선박금융을 지원하는 주요 은행들은 위의 Petrofin Research 자료와 같다. 유럽, 중국, 일본, 한국의 은행들의 선박금융 익스포져가 눈에 띈다. 하지만 아래 그래프에 나와 있는 은행들은 중소 해운사들이 접근하기에는 많은 어려움이 있다.

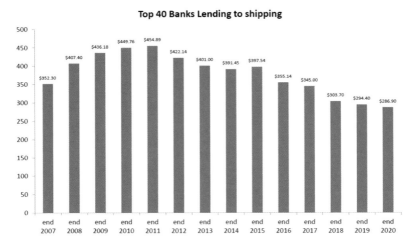

Top 40 Banks Lending to shipping

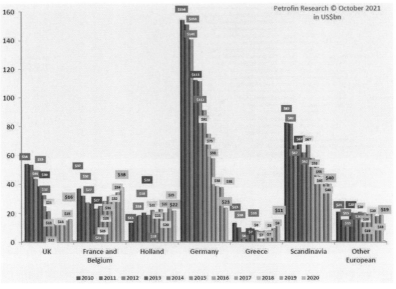

선박금융을 지원하는 주요 40개 은행들의 지원 규모는 해가 지날수록 꾸준히 줄어든다는 것을 확인할 수 있다. 2020년 잔액은 약 USD 286.9bn으로 나타났다.

선박금융을 활발하게 지원했던 독일의 DVB와 Nord LB 은행이 시장에서 철수한다는 내용이 알 선생을 매우 슬프게 만들었다. 해당 은행들이 그나마 중소 해운사에 선박금융을 활발히 지원했었다.

중소 해운사가 경쟁력 있는 선박금융을 조달하려면 영어를 잘해야 한다. 전 세계 각국의 금융 기관과 접촉하여 최적의 금융 조건을 끌어내야 하기 때문이다. 분명 두드리면 열린다.

현재 국내 선박금융 조달 환경은 해운사에 매우 우호적이라고 생각한다. 공공 기관에서 적극적으로 선박금융을 지원하고 있다. 하지만 이 상황이 지속하지는 않을 것이다. 기존 정부 지원에서 대규모 부실이나 손실이 발생하면 추가 지원은 중단될 것이고, 한정된 예산을 이용하여 계속해서 해운업에만 지원하기도 어려울 것이다. 그렇기에 민간 금융 기관과 개인 투자자들이 선박금융 시장에 발을 들이도록 잘 유도해야 한다.

정상적인 시장금리보다 선박금융 지원금리가 낮거나 적정 Risk Premium이 반영되지 않으면 금융 기관과 투자자들은 선박금융 시장으로 돌아오지 않는다. 조달금리가 시장금리보다 낮아지면 해운 회사 경영은 상대적으로 편하겠지만, 혁신적이고 창의적인 경영에서 멀어질 위험이 존재하며 경쟁 시장에 단련되기 어려운 단점도 있다. 시장금리보다

낮은 조달금리는 생산성과 부가가치를 높여야 하는 이유를 없애기 때문
이다.

11. The Next Financial Crisis

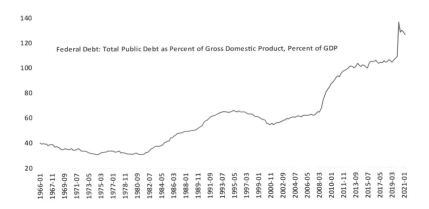

1998년 LTCM 붕괴와 2008 Lehman brothers 파산이 있었다. 그렇다
면 그다음은 중국일까? 미국일까? 아니면 전망하지 못한 기업이 시작점
이 될까? 다음 금융위기가 온다면 중국에서 터질지, 미국에서 시작될지,
아니면 제삼세계에서 비롯될지 모르겠다. 미국 달러가 계속해서 기축통
화의 지위를 유지할 수 있을지도 의문이다.

모든 버블은 반드시 터진다. 과잉 유동성 버블은 곧 터질 것이라고 알
선생은 판단한다. 과거 일본의 사례를 보더라도 저금리 시대가 장기화되

자 부동산과 주식 가격이 폭등했고, 결국은 버블이 터지며 잃어버린 30년을 맞이하게 되었다. 역사적으로 볼 때 과거에도 식민지 금광에 대한 막연한 기대감에 많은 이들이 투기에 동참했고, 막상 개발한 금광에서 금이 조금밖에 나오지 않자 투기한 채권과 주식은 휴지 조각이 되었다. 요즘 행해지는 여러 투기는 정말 걱정이 된다.

인플레이션 문제와 미국의 통화 긴축은 결국 달러화 자금 조달을 어렵게 할 것이기에 조달 비용의 상승을 불러올 것이다. 금리 상승은 또한 선박금융의 CAPEX 상승으로 이어질 것이다.

COVID-19의 영향으로 근무 환경의 변화도 가속화되었다. 결국, 재택근무에 익숙해지면서 주거 패턴에도 변화가 올 것이다. 전문가들도 집합근무와 사무실 근무 시간이 축소될 것이라고 예상한다. 그렇다면 상업용 건물의 이용률도 하락할 것이다.

나아가 미국과 중국, 호주와 중국 간의 무역 분쟁 및 갈등을 경험하면서 탄소 국경세 및 관세에도 변화가 있을 것으로 전망된다. 무역도 상호 의존도를 줄이거나 수입 및 수출선을 다각화하는 현상이 일어나면서 Trading Pattern이 변할 것으로 예측한다. 최근 한국도 예상하지 못한 요소수 부족 문제를 겪었다. 앞으로 국가 간 무역 분쟁이나 갈등이 지속된다면 결국 각국은 수입에 의존했던 물품들에 대한 자국 생산량을 어느 정도 확보하려 할 것이고, 그에 따라 자연스럽게 세계 물동량도 줄어들 것이다.

기후 리스크도 심각해지고 있다. 허리케인과 태풍 그리고 폭염과 홍수로 공급망이 붕괴하면서 원자재 및 생필품의 가격이 폭등하고 있다.

전문가들은 최근의 인플레이션에 대해 두 가지 원인을 짚고 있다. 하나는 원자재 가격Commodity Prices의 상승이며, 또 하나는 해상 운임 Maritime Freight의 상승이다. 여기에 더해 자국의 보호무역주의도 인플레이션의 주요 원인 중 하나일 것이다.

그동안 성공했던 선박 매입 타이밍을 보면 저가 매수 그리고 해가 뜨기 전 가장 어두운 새벽이었다. 낮은 LTV 대출로 저가 매수를 하면 대부분의 투자는 성공적이었다.

12.　　　　　　　　　Force Majeure(Act of God)

20여 년 전 신조 감독을 하시는 선배님과 저녁 식사 중 나 자신이 몹시 부끄러웠던 적이 있다. 당시 알 선생은 금융 기관에서 선박을 검사하는 것은 불필요한 행위라고 생각했다. 하지만 선배님의 말씀은 알 선생의 생각을 바꿔 주었다. 중소 조선소와 해운사가 짜고 건조 선가를 부풀리는 경우가 매우 빈번하다는 내용이었다. USD 8M짜리 선박이 어느 순간 USD 13M로 둔갑되어 있고, USD 17M짜리 선박이 건조 계약서상 USD 21M로 작성되기 일쑤라는 것이었다. 자기자본을 줄여 대출을 많이 받기 위한 꼼수라고 했다. 분명 설계사양서상으로는 내부 기자재 등이 값비싼

국산 및 유럽산으로 명시되어 있었으나, 실제로 검사를 해 보면 값싼 중국산인 경우가 많았다는 것이다. 그처럼 해운사들이 대출을 많이 받기 위해 선가를 부풀리는 게 가능하다는 사실을 알 선생도 그제야 알게 되었다.

해운 업계와 조선 업계에 종사하는 선후배님들과 식사를 하다 보면 많은 것들을 배울 수 있다. 실제로 국내 모 대형 해운사가 발주한 PCTC는 상선이라고 할 수 없는 수준으로 건조되었는데도 은행이 그러한 사실을 전혀 인지하지 못한 채 건조 대금을 지급했다. 하나같이 참으로 한심한 사실들이었다. 술자리에서 신조 감독 후배들이 평가하는 국내 선박금융 담당자들의 수준은 너무 부끄러운 수준이었고, 거기에는 알 선생도 포함되어 있었다.

BBCHP 계약서나 선박금융 계약서에는 선박 검사 및 관리에 관한 내용이 적시되어 있고, 그에 의거해 금융 기관은 수시로 선박 검사를 할 수 있게 되어 있다. 즉, 금융 기관도 선박 관리에 신경을 쓰고 주기적으로 검사를 해야 한다는 것이다. 주변 사람들의 눈이 하나라고 해서 나의 두 눈 중 하나를 뽑을 필요는 없다. 다른 금융 기관이 선박 검사를 안 한다고 해도 나는 해야 한다.

선박금융 업무를 하다 보면 Force Majeure라고 느껴지는 경우가 있다. 그러나 예상하지 못한 결과는 PM의 지식 수준과 경험에 따라 다르다. 30%의 지식과 경험을 갖춘 PM은 70%의 상황을 Force Majeure라고 말할 것이고, 70%의 지식과 경험을 갖춘 PM은 30%의 경우를 Force

Majeure라고 말할 것이다. 충분한 지식과 경험을 쌓아 예측할 수 있는 상황을 예측할 수 없는 상황이었다고 말하는 한심한 선박금융 PM이 되지 말아야 한다.

PM은 또한 숨어 있는 메시지를 잘 읽어야 한다. 근래 컨테이너 시황을 보면 머스크사의 컨테이너당 평균 운임은 다른 컨테이너 선사와 비교했을 때 현저히 낮다. 물론 현재의 시장에서는 수익성이 떨어질 수 있지만, 장기 화물과 충성 고객이 많다는 뜻과 운송 원가가 낮다는 뜻을 내포하고 있다. 제2차 컨테이너선 치킨 게임이 시작되면 다른 컨테이너 선사들이 살아남을 수 있을지 의문이 든다.

2000년대부터 중국이 해운에 미친 영향은 너무 크다. 긍정적인 영향만 있는 것이 아니고 부정적인 영향도 너무 많다. 앞으로 선주는 전통적 시장 리스크, 신용 리스크, 운영 리스크, 조직 리스크 뿐만 아니라 금융 리스크, 법률 리스크, 사이버 리스크, 지정학적 리스크 등도 신경을 써야 한다.

『선박금융 이야기』에서도 언급했지만, 의사결정자는 항상 정직하고 자기에게 냉정해야 한다. 실적에 대한 압박이나 진급 등의 개인적 동기가 존재하면 나에게 암시를 걸어 모든 프로젝트를 긍정적으로 판단하려는 경향이 있다. 그렇게 진행된 프로젝트는 운이 좋아 문제가 없을 수도 있다. 그러나 만에 하나 부실이 발생하면 주위 동료와 내가 속한 조직을 위태롭게 만들 수도 있다는 것을 절대 잊지 말아야 한다.

마치며

행동재무학자인 알 선생은 "금융은 사람이다!"라는 말을 자주 하는데, 이는 경험에서 우러난 말이다. 선박펀드를 조성하다 보면 이 말이 더욱 와닿는다. 거래 상대가 누군지에 따라 될 프로젝트가 성사되지 않기도 하고, 불가능할 것으로 예상한 프로젝트가 성사되기도 한다. 같은 해운사, 금융기관과 일을 하더라도 담당자가 누군지에 따라 프로젝트의 성사가 갈린다. 선박펀드를 조성하면서 가장 편하고 스트레스가 적은 것은 거래 상대가 전문가일 때다. 은행이나 해운사 담당자, 변호사 등이 선박금융을 잘 알고 있다면 선박펀드 조성은 쉽고 편하게 이루어진다. 선박금융을 안전하고 편하게 조달하고 싶다면 기관보다는 담당자에 초점을 맞추는 것이 좋다. 담당자의 전문성에 따라 일의 난이도도 달라진다.

승선하다 보면 사람이 배를 떠나는 주된 원인은 사람이다. 선박을 관리하는 회사의 인사 담당자는 원칙과 기준을 잘 지키고 이행해야 한다. 인사청탁과 같은 이유로 무능하거나 인성, 태도에 문제가 있는 사람을 승선시키면 선박은 초토화되고 심각한 사고가 발생할 수 있다. 이는 많은 인재를 놓치는 실수이기도 하며 그와 동시에 해상 근무에 부정적인 인식을 심는 결과를 낳기도 한다. 결국, 그런 작은 것들이 모여 국가적 손실로 이어진다. 물론 상부의 부당한 지시로 인해 인사 담당자가 원칙과 소신을 지키기 어려울 수 있다. 하지만 그런 사람 때문에 승선을 포기하는 후배가 많이 발생할 수 있다는 점을 유념해야 한다. 후배들을 위해 소신과 원칙을 지켜 주기 바란다.

여러 회사와 조직에 몸담는 동안 깨친 것은 결국 사람이 중요하다는 점이다. 사람 때문에 사표를 쓰고, 사람 때문에 성의 없이 소극적으로 일하기도 하고, 사람 때문에 회사에 해가 될 수 있는 행동을 하고, 이익을 걷어차기도 한다. 반대로 사람으로 인해 회사를 위해 열정적으로 일하고, 회사에 남기도 하며, 이익을 극대화하기 위해 최선을 다하는 경우도 있다. 결국, 중요한 것은 사람이다.

많은 책을 읽다 보니 인간관계 때문에 힘들어하는 사람들이 많다는 것을 알 수 있었다. 알 선생만 안고 있는 고민이 아니라는 데에서 큰 위안을 얻었다. 그리고 좋지 않은 상황에 노출되어 어려움을 겪지만, 그 원인이 본인에게 있음을 모르는 경우가 있음도 확인했다. 안 좋은 상황이 계속 반복되는 것은 타인이 아니라 자신에게 문제가 있기 때문임에도 불구하고 이를 인지하지 못하고 남이나 환경을 탓한다. 어린 시절 놓였던 환경을 바탕으로 본인의 언행, 성격, 기질, 가치관 등이 형성되었고 그로 인해 같은 선택을 하고 비슷한 결과와 상황이 반복됨을 우리는 인지해야 한다. 옳고 그름이 아니라 다름을 말하는 것이고, 원인을 알아야 해결책도 마련할 수 있음을 말하는 것이다. 상황을 바꾸고 싶다면 자신을 바꿔야 하며 다른 선택을 해야 한다. 하지만 쉽지 않을 것이다. 인생에 정답은 없고 선택만이 존재하기 때문이다. 알 선생은 남들과 다른 선택으로 해양대학교에 입학했는데 요즘 남들과 같은 선택을 하고 있다는 점을 후회한다. 해양대학교 후배들은 다른 선택으로 다른 삶을 살기 바란다.

알 선생은 생산성을 최대화하기 위해서는 자기 열정과 욕망을 극대화해야 한다고 생각한다. 본인의 사업을 하거나 본인이 근무하는 회사의 주식을 갖고 일한다면 분명 주인의식과 업무 생산성은 달라질 것이다. CEO가 이익 공유와 수익 분배에 신경 쓴다면 회사의 시장 경쟁력은 우월해질 것이며 경쟁에서도 우위를 점할 수 있다. 부를 소수가 독점하는 것이 아니라 모든 구성원이 행복할 수 있는 그런 해운 기업이 우리나라에 많이 생겼으면 좋겠다.

알 선생은 이 책의 집필을 급히 서둘렀다. 나이가 들수록 느끼고 생각했던 내용을 글로 적는 데 망설이는 모습을 발견했기 때문이다. 이렇게 시간이 흐르면 나중에는 냉정한 시각보다는 미사여구만 가득한 그저 그런 책을 집필할 것 같아 서둘러 이 책을 세상에 내놓는다.

그동안 알 선생이 살아오는 데에 많은 도움을 주신 가족, 친지, 동기를 비롯해 스승님, 선후배님, 회사 동료들에게 이 책을 빌려 감사의 인사를 전한다.

행동재무학자 알 선생이 들려주는
선박투자 이야기

1판 1쇄 발행 2022년 1월 1일

지은이 김우석

교정 윤혜원
편집 홍새솔

펴낸곳 하움출판사
펴낸이 문현광

주소 전라북도 군산시 수송로 315 하움출판사
이메일 haum1000@naver.com **홈페이지** haum.kr

ISBN 979-11-6440-896-2 (03320)

좋은 책을 만들겠습니다.
하움출판사는 독자 여러분의 의견에 항상 귀 기울이고 있습니다.